Band 45

Justus Haucap | Ulrich Heimeshoff | Niklas Gösser

Preis-Kosten-Scheren im Telekommunikationssektor

Nomos

Onlineversion
Nomos eLibrary

Die Deutsche Nationalbibliothek verzeichnet diese Publikation in der Deutschen Nationalbibliografie; detaillierte bibliografische Daten sind im Internet über http://dnb.d-nb.de abrufbar.

ISBN 978-3-8487-7046-5 (Print)
ISBN 978-3-7489-1093-0 (ePDF)

1. Auflage 2021

Vorwort

Die Liberalisierung der Telekommunikationsbranche kann wohl als eines der erfolgreichsten mikroökonomischen Reformprojekte der letzten Jahrzehnte betrachtet werden. Grund für den Erfolg war nicht nur die konsequente Liberalisierung der Märkte, also die Öffnung der Märkte für neue Wettbewerber, sondern auch eine konsequente Regulierung mit dem Ziel, Wettbewerb zu ermöglichen und zu schützen (vgl. Dewenter und Haucap, 2004; Haucap und Coenen, 2011; Heimeshoff, 2020). Besonderes Augenmerk galt dabei zum einen der Regulierung wesentlicher Vorleistungen und der Entgelte für Terminierungsleistungen (vgl. Haucap und Heimeshoff, 2005; Dewenter und Haucap, 2007). Zum anderen war ein Ziel der Regulierung auch stets zu verhindern, dass durch Verdrängungspreise oder Preis-Kosten-Scheren der Wettbewerb um Endkunden erheblich behindert wird (vgl. Haucap und Kruse, 2004; Haucap und Heimeshoff, 2009).

Im Laufe des Liberalisierungsprozesses hat der infrastrukturbasierte Wettbewerb in den vergangenen 20 Jahren immer mehr an Bedeutung gewonnen, sodass die Regulierung von Vorleistungsentgelten sukzessive immer weiter zurückgefahren werden konnte. Zur Sicherung des Wettbewerbs auf Endkundenmärkten kommt der richtigen Ausgestaltung von Tests zur Feststellung von Preis-Kosten-Scheren in diesem Kontext eine gestiegene und weiter wachsende Bedeutung zu, vor allem weil sowohl Preisdifferenzierung auf Endkundenmärkten als auch Produktbündelungen zunehmen, welche auf regulierten und unregulierten Vorleistungen beruhen.

Vor diesem Hintergrund hat die Telefónica Germany GmbH & Co. OHG uns beauftragt zu analysieren, welche Anpassungen von Preis-Kosten-Scheren-Tests im deutschen Telekommunikationsmarkt sinnvoll und notwendig erscheinen, um den Wettbewerb weiterhin zu sichern. Das vorliegende Gutachten ist das Ergebnis dieses Auftrags. Für hilfreiche Anmerkungen und Kommentare sowie Diskussionen möchten wir uns an dieser Stelle insbesondere bei Dirk Grewe, Broder Kleinschmidt, Sandra Mischke, Peter Oefinger und Malte Piekarowitz bedanken.

Düsseldorf, November 2020

Justus Haucap | Ulrich Heimeshoff | Niklas Gösser

Inhaltsverzeichnis

Abbildungs- und Tabellenverzeichnis

1. Executive Summary

Sind Wettbewerber auf einem Markt auf Vorleistungen anderer Wettbewerber angewiesen, besteht regelmäßig die Gefahr, dass die Wettbewerber, welche diese essenzielle Vorleistung bereitstellen, die Zugangsbedingungen und insbesondere die Zugangsentgelte so gestalten, dass es effektiv zu einem Marktverschluss auf dem nachgelagerten Markt kommt. Aus diesem Grund sind solche Vorleistungen regelmäßig einer Regulierung unterworfen. Insbesondere in netzbasierten Branchen wie der Telekommunikation, Strom, Gas und dem Schienenverkehr spielt diese Gefahr eine erhebliche Rolle, sodass in diesen Sektoren der Netzzugang der Regulierung unterliegt.

Die Regulierung der Vorleistungsentgelte allein verhindert jedoch nicht immer wirksam den Marktverschluss durch vertikal integrierte Anbieter. Sofern dieser bei regulierten Vorleistungspreisen die Endkundenpreise so niedrig ansetzt, dass die verbleibende Marge zwischen Endkunden- und Vorleistungspreisen kein nachhaltiges Engagement von Wettbewerbern ermöglicht, entsteht eine sog. Preis-Kosten-Schere (PKS). Um der Gefahr von Preis-Kosten-Scheren und einer dadurch induzierten Behinderung des Wettbewerbs entgegenzuwirken, führen Aufsichtsbehörden wie die Bundesnetzagentur (BNetzA) sog. Preis-Kosten-Scheren-Tests (PKS-Tests) durch.

Nach § 28 Abs. 1 TKG darf ein „Anbieter von Telekommunikationsdiensten, der über beträchtliche Marktmacht verfügt [...] diese Stellung bei der Forderung und Vereinbarung von Entgelten nicht missbräuchlich ausnutzen." Ferner spezifiziert § 28 Abs. 2 Nr. 2 TKG, dass ein solcher Missbrauch vermutet wird, wenn „die Spanne zwischen dem Entgelt, das der Betreiber eines öffentlichen Telekommunikationsnetzes, der über beträchtliche Marktmacht verfügt, Wettbewerbern für eine Zugangsleistung in Rechnung stellt, und dem entsprechenden Endnutzerentgelt nicht ausreicht, um einem effizienten Unternehmen die Erzielung einer angemessenen Verzinsung des eingesetzten Kapitals auf dem Endnutzermarkt zu ermöglichen (Preis-Kosten-Schere)."

Um einschätzen zu können, ob es einem effizienten Unternehmen möglich ist, eine solche „angemessene Verzinsung des eingesetzten Kapitals auf dem Endnutzermarkt" zu erzielen, müssen die tatsächlichen Wettbewerbsverhältnisse auf den betroffenen Märkten korrekt eingeschätzt werden. Die durch die BNetzA in der Vergangenheit durchgeführten PKS-Tests haben gezeigt, dass die ermittelten Erlösüberschüsse teilweise relativ gering waren. Angesichts der im Markt zu beobachtenden Preisrückgänge und Qualitätsverbesserungen können diese Überschüsse relativ schnell auf null schrumpfen und die Erlösüberschüsse potenziell überschätzt werden.

PKS-Tests finden regelmäßig auf einem stark aggregierten Niveau statt. Dies ist zwar auf den ersten Blick nachvollziehbar, da eine Prüfung sämtlicher Tarifvariationen für eine Regulierungsbehörde aufwändig wäre. Jedoch bergen PKS-Tests in aggregierter Form die Gefahr, dass sich in dem Aggregat in wichtigen Tarifen bzw. Tarifbündeln doch PKS verbergen, die ohne eine disaggregierte Analyse nicht identifiziert werden können und in der Folge einen nachhaltigen negativen Wettbewerbseffekt bewirken. Achtsamkeit ist jedoch bei einer zu strengen Auslegung der PKS-Tests geboten. Die Regulierung von Vorleistungsentgelten hat zum Ziel, den Wettbewerb nachhaltig zu stärken. Ein zu rigoroser Eingriff auf Basis einzelner Tarife und Rabattangebote kann jedoch den wettbewerblichen Freiraum des marktmächtigen Unternehmens derart eingrenzen, dass innovative Tätigkeiten auch in Form neuer Tarife zum Erliegen kommen. Dies ist für die nachhaltige Stärkung des Wettbewerbs im Sinne des Konsumenten-Nutzens nicht zielführend.

Eine Grenze des zu gewährenden wettbewerblichen Freiraums ist allerdings dann erreicht, wenn einzelne Tarife und Rabatte auf Kernelemente bzw. Kerngruppen des Marktes abzielen und somit geeignet sind, den Wettbewerb auch langfristig zu behindern. Angesichts der vielfältigen und zunehmenden Ausgestaltung von Bündeltarifen, individuellen Rabatten, Spezialtarifen und Zugaben wächst die Gefahr, dass für bestimmte Tarife und Zielgruppen PKS bestehen, diese jedoch im Aggregat unentdeckt bleiben. Dies ist besonders dann problematisch, wenn bei wechselwilligen Kundengruppen, um welche es einen intensiven Wettbewerb gibt, PKS bestehen, während Erlöse aus Tarifen mit nicht oder kaum wechselbereiten Kunden, um welche es naturgemäß mangels Wechselbereitschaft kaum Wettbewerb gibt, das Vorliegen einer PKS im Aggregat verdecken. Dynamische Rabatt- und Marketingkampagnen für einzelne Tarife und Zielgruppen, die auf den ersten Blick von gesundem Wettbewerb zeugen, können sich so unter Umständen auch als versteckte PKS offenbaren, mit denen den Wettbewerbern des Marktführers einzelne Kernsegmente des Marktes verschlossen werden sollen.

Das vorliegende Gutachten untersucht vor diesem Hintergrund, welche Veränderungen die Ausgestaltung der PKS-Tests angesichts der Zunahme von Produktbündeln, Sondertarifen, Rabatten und einer sich ändernden

Wettbewerbsdynamik sinnvoll sind. Nach einer generellen Einführung in die Theorie der Verdrängungspreise sowie von PKS wird die europäische Fallpraxis sowie die bisherige Vorgehensweise der BNetzA dargestellt. Auf Basis dieser Erkenntnisse werden Vorschläge erarbeitet, mit deren Hilfe das bisherige PKS-Testverfahren pragmatisch angepasst werden kann, um PKS in bestimmten Tarifen/Tarifbündeln besser identifizieren zu können, ohne die Beteiligten mit unverhältnismäßigen Anforderungen zu konfrontieren.

Eine solche Anpassung ist vor dem Hintergrund sich dynamisch wandelnder Telekommunikationsmärkte von großer Bedeutung, da zum einen verstärkt neue Tarifmodelle eingeführt werden und zum anderen in der Tendenz die Intensität der Entgeltregulierung von regulierten Zugangsvorleistungen zurückgeht. Somit stehen weniger kostenorientiert regulierte Zugangsprodukte für Wettbewerber zur Verfügung. Infolgedessen steigt die Bedeutung der PKS-Tests, damit effiziente Wettbewerber die Angebote eines etablierten Anbieters mit beträchtlicher Marktmacht tatsächlich unter den gegebenen Zugangsentgelten nachbilden können. Anderenfalls wäre Wettbewerb auf Basis regulierter Vorprodukte nicht möglich.

Angemessen zu berücksichtigen ist auch die Heterogenität der Anbieter am Markt hinsichtlich unterschiedlicher Altersstrukturen und Präferenzen der Kunden, ohne dabei gegen das Konzept des „effizienten Wettbewerbers" zu verstoßen. Damit wird in diesem Gutachten ein Trend aufgegriffen, der sich bereits in Regulierungsverfahren in Großbritannien und Irland manifestiert hat und von vielen Regulierungsbehörden in Diskussionsbeiträgen aufgegriffen wurde.

In Bezug auf die konkrete Durchführung des PKS-Tests schlagen wir drei Schritte vor:

- Erstens ist zu vermeiden, dass in einem zu stark aggregierten Test verdeckte PKS in verschiedenen Tarifen bzw. Tarifbündeln fälschlicherweise nicht identifiziert werden können.
- Zweitens führen wir das Konzept der gewinnbaren Kunden ein, das für die Durchführung des Tests bedeutend ist, weil ansonsten Kundengruppen, die nicht wechselwillig sind, als gewinnbar betrachtet werden und somit das für Wettbewerber des etablierten Anbieters erreichbare Kundenpotenzial überschätzt würde.
- Drittens enthält unser Vorschlag eine empirisch validierte Laufzeitanalyse. Dabei geht es um eine vertiefte Betrachtung der Vertragslaufzeiten der Kunden. Eng damit verbunden ist die Berücksichtigung von Rabatten. Würde bei einem PKS-Test davon ausgegangen, dass bei Laufzeiten von 50 und mehr Monaten keine Preisanpassungen durchgeführt wer-

den, könnte dies dazu führen, dass die tatsächlichen Erlöse überschätzt würden und mögliche PKS nicht identifiziert würden. Dies ist deshalb bedeutsam, weil Kunden in Telekommunikationsmärkten inzwischen eine Vielzahl von, teils regulatorisch vorgegebenen, Preis- und Tarifinformationen in elektronischer Form zur Verfügung stehen und die Erfahrung zeigt, dass diese auch ausgenutzt werden. Es wäre oftmals nicht angemessen davon auszugehen, dass wesentlich über die gängigen Vertragslaufzeiten hinaus Preise akzeptiert würden, die nicht mehr dem aktuellen Marktpreisniveau entsprechen.

PKS und PKS-Tests werden auch künftig im Zuge der Migration in Glasfasernetze eine wichtige Rolle im Rahmen der Telekommunikationsregulierung spielen. Dies zeigt, dass in dieser Studie keineswegs eine „vorübergehende Problematik" diskutiert wird, die mit der Migration in Next Generation Access Networks (NGA) verschwindet. Im Gegenteil, die Entgeltregulierung bei FttH/B-basierten Vorleistungsprodukten wird neue Herausforderungen bringen und insbesondere die hier angeführte Bündelproblematik dürfte im Endkundenmarkt und in ihrer Wettbewerbsrelevanz noch zunehmen. Aus juristischer Sicht kann dabei zwischen dem möglichen Vorliegen von Preis-Kosten-Scheren nach § 28 Abs. 2 Nr. 2 TKG und einer sachlich ungerechtfertigten Bündelung nach § 28 Abs. 2 Nr. 3 TKG unterschieden werden. Aus ökonomischer Sicht geht es jedoch prinzipiell um dasselbe Problem: Effiziente Wettbewerber können die entsprechenden Angebote eines Anbieters mit beträchtlicher Marktmacht weder bei einer Preis-Kosten-Schere, noch bei einer sachlich ungerechtfertigten Bündelung nachbilden, ohne dabei Verluste zu erleiden, sodass ein effektiver Marktverschluss und eine erhebliche Wettbewerbsbehinderung droht.

2. Einleitung

Die vorliegende Studie widmet sich Preis-Kosten-Scheren (PKS) und ihrer Identifikation auf Telekommunikationsmärkten. Ziel ist es, Vorschläge für die Durchführung von PKS-Tests vor dem Hintergrund jüngerer Entwicklungen auf diesen Märkten, insbesondere der zunehmenden Bündelung von Dienstleistungen und der stark steigenden Relevanz von Sonder- und Rabatttarifen, zu erarbeiten. Wie im Folgenden dargestellt, konzentriert sich die Studie auf Telekommunikationsmärkte und ihre Besonderheiten. Um die ökonomischen Hintergründe von PKS sowie die damit verbundenen Tests besser einordnen zu können, beginnen wir zunächst mit einer allgemeinen Darstellung der ökonomischen Theorie von PKS, welche wir in den folgenden Kapiteln auf Telekommunikationsmärkte anwenden.

In Bezug auf die konkrete Durchführung des PKS-Tests schlagen wir vor, den eigentlichen PKS-Tests drei Schritte voranzustellen: Erstens ist zu vermeiden, dass in einem zu stark aggregierten Test verdeckte PKS in verschiedenen Tarifen bzw. Tarifbündeln fälschlicherweise nicht identifiziert werden. Zweitens führen wir das Konzept der gewinnbaren Kunden ein, das für die Durchführung des Tests bedeutend ist, weil ansonsten Kundengruppen, die nicht wechselwillig sind, als gewinnbar betrachtet werden und somit das für die Wettbewerber des etablierten Anbieters erreichbare Kundenpotenzial überschätzt würde. Drittens enthält unser Vorschlag eine empirisch validierte Laufzeitanalyse. Dabei geht es um eine vertiefte Betrachtung der Vertragslaufzeiten der Kunden. Eng damit verbunden ist die Berücksichtigung von Rabatten. Würde davon ausgegangen, dass bei Laufzeiten von 50 und mehr Monaten keine Preisanpassungen durchgeführt werden, könnte dies dazu führen, dass die tatsächlichen Erlöse überschätzt würden und mögliche PKS nicht identifiziert würden. Dies ist deshalb bedeutsam, weil Kunden in Telekommunikationsmärkten inzwischen eine Vielzahl von Preis- und Tarifinformationen in elektronischer Form zur Verfügung stehen und die Erfahrung zeigt, dass diese auch ausgenutzt werden. Es wäre oftmals nicht angemessen davon auszugehen, dass wesentlich über die gängigen Vertragslaufzeiten hinaus Preise akzeptiert würden, die nicht mehr dem aktuellen Marktpreisniveau entsprechen.

Zur Klarstellung sei an dieser Stelle angemerkt, dass PKS-Tests meist im Rahmen von Entgeltgenehmigungsverfahren auf Telekommunikationsmärkten durch die BNetzA dann durchgeführt werden, wenn auf einem regulierungsbedürftigen Markt im Rahmen der Marktdefinition und Marktanalyse ein Anbieter von Telekommunikationsdiensten oder ein Betreiber eines öffentlichen Telekommunikationsnetzes identifiziert wird, der über beträchtliche Marktmacht verfügt (in der Regel die Deutsche Telekom AG, im Folgenden: DTAG). Diese Analyse ist nicht Teil des vorliegenden Gutachtens. Vielmehr wird das Vorhandensein beträchtlicher Marktmacht im Sinne des TKG als gegeben angenommen.

2.1 Hintergrund der Studie

Die Motivation der vorliegenden Studie bilden insbesondere die künftigen Verfahren der Bundesnetzagentur (BnetzA) zu Bitstrom-Leistungen und TAL-Entgelten, jedoch gewinnt auch die Überprüfung von Glasfaser-basierten Produkten an Bedeutung.[1] Die BnetzA nimmt nach der bisherigen Regulierungspraxis teilweise ex-ante eine Genehmigung und teilweise ex-post eine Regulierung der jeweiligen Vorleistungsentgelte vor. Zudem kann sie in Verdachtsfällen separate Missbrauchsverfahren einleiten. Die Studie bezieht sich auf PKS-Tests im Kontext der ex-ante- und der ex-post Regulierung. Die Form der Tarife hat bestimmte Implikationen für PKS-Tests, die wir im weiteren Verlauf des Gutachtens herausarbeiten und die für die bisherige Vorgehensweise der BnetzA bei der Durchführung solcher Tests Modifikationen als ratsam erscheinen lassen. Der Anlass für diese Studie und die vorgeschlagenen Modifikationen der PKS-Tests sind die zunehmende Verbreitung von Produktbündeln und Sonder- und Rabatttarifen auf Telekommunikationsmärkten. Die hier unterbreiteten Vorschläge sowie die zugrundeliegenden Probleme sind aber wesentlich breiter anwendbar.

Um den wettbewerblichen Freiraum des marktbeherrschenden Unternehmens nicht unnötig zu beschneiden und aus Gründen der Praktikabilität finden PKS-Tests regelmäßig auf einem stark aggregierten Niveau statt. Dies ist auf den ersten Blick nachvollziehbar, da ansonsten sich auf den ersten Blick kein wettbewerbliches und somit dynamisches Marktumfeld ergeben kann. Gleichwohl bergen PKS-Tests in aggregierter Form die Gefahr, dass sich in dem Aggregat in wichtigen Tarifen bzw. Tarifbündeln doch PKS mit negativen Wirkungen auf den Wettbewerb verbergen, die

1 Siehe hierzu auch Vorhabenplan 2020 der BNetzA. Verfügbar unter: https://www.bundesnetzagentur.de/DE/Allgemeines/DieBundesnetzagentur/UeberdieAgentur/Vorhabenplan/Vorhabenplan-node.html. Abgerufen am 19. August 2020.

ohne eine disaggregierte Analyse nicht identifiziert und verhindert werden können. Angesichts der vielfältigen und zunehmenden Ausgestaltung von Bündeltarifen, individuellen Rabatten, Spezialtarifen und Zugaben wächst die Gefahr, dass für bestimmte Tarife und Zielgruppen PKS bestehen, diese jedoch im Aggregat unentdeckt bleiben. Dies ist besonders dann problematisch, wenn bei wechselwilligen Kundengruppen, um welche es einen intensiven Wettbewerb gibt, PKS bestehen, während Erlöse aus Tarifen mit nicht oder kaum wechselbereiten Kunden, um welche es naturgemäß mangels Wechselbereitschaft kaum Wettbewerb gibt, das Vorliegen einer PKS im Aggregat verdecken.

Wenn aggregierte Tests das Vorliegen von PKS in einzelnen Tarifen oder bei wesentlichen Kundengruppen verdecken könnten, werden die hier vorgeschlagenen Modifikationen relevant. Die fortschreitende Bündelung von Produkten im Telekommunikationssektor verursacht zusätzliche Hürden bei der Durchführung von PKS-Tests. Letzteres wurde u.a. von der BNetzA bereits 2007 festgestellt (vgl. BNetzA, 2007). Ein wichtiges Ziel dieses Gutachtens ist es, aus wettbewerbsökonomischer Sicht den Einfluss der Bündelung auf PKS zu identifizieren. Generell sollen Stellschrauben und Vorschläge für eine angepasste Durchführung von PKS-Tests ermittelt werden.

Die Bündelung von Breitband- und Mobilfunkprodukten hat in den letzten Jahren stetig zugenommen. So haben Ende des Jahres 2019 bereits 4,7 Mio. Kunden der Deutschen Telekom (DTAG) ein konvergentes „MagentaEins“ Produkt erworben (vgl. Deutsche Telekom, 2020). Im Vorjahr waren es noch 4,3 Mio. konvergente Kunden.[2] Gemessen an den eigenen Mobilfunk-Vertragskunden der DTAG nutzen nach eigenen Angaben inzwischen 50,7 % ein Bündelprodukt aus Mobilfunk und Festnetz.[3][4] Die gestiegene Bedeutung der Tarifbündelung lässt sich insbesondere daran er-

2 Siehe hierzu „Deutsche Telekom setzt Wachstumskurs im Rekordjahr 2018 fort und übertrifft Finanzziele“. Verfügbar unter: https://www.telekom.com/de/medien/medieninformationen/detail/geschaeftszahlen-2018-563878. Abgerufen am 19. August 2020.

3 Ebenda.

4 Für das Jahr 2019 wird im Geschäftsbericht kein Anteil mehr genannt. Auf Grund des weiterhin starken Anstieges der Kundenanzahl mit „MagentaEins“ Tarif ist jedoch zu erwarten, dass auch der Konvergenzanteil weiter gestiegen ist und nun deutlich über 50 % liegt.

kennen, dass die DTAG das neue Bündelprodukt „MagentaEins“ erst fünf Jahre zuvor im Herbst 2014 eingeführt hat.[5]

Mit dem Begriff der Preis-Kosten-Schere (PKS) werden solche missbräuchlichen Verhaltensweisen von marktmächtigen Unternehmen bezeichnet, bei denen die Gewinnmargen konkurrierender Unternehmen auf einem nachgelagerten Markt durch hohe Preise für essenzielle Vorleistungsprodukte oder niedrige Endkundenpreise für Endprodukte oder beides so erheblich eingeschränkt werden, dass der Wettbewerb behindert wird. Es geht somit um ein Wettbewerbsproblem bei vertikal integrierten Unternehmen. Typische Anwendungsfelder sind sog. Netzindustrien wie beispielsweise die Telekommunikationsbranche, auch wenn PKS außerhalb von Netzindustrien keineswegs ausgeschlossen sind.

Telekommunikationsmärkte gelten als besonders anfällig für PKS, weil Anbieter auf infrastrukturelle Vorleistungen von Anbietern mit beträchtlicher Marktmacht angewiesen sind.[6] Diese infrastrukturellen Vorleistungen beziehen Wettbewerber zu regulierten Entgelten, auf deren Basis sie ihren Endkunden Telekommunikationsdienstleistungen anbieten. Der Anbieter der regulierten Vorleistungen kann durch hinreichend niedrige Endkundenpreise somit den Wettbewerb auf dem Endkundenmarkt erheblich behindern.

Um diesem Problem zu begegnen, führt die Bundesnetzagentur (BNetzA) in Entgeltgenehmigungs- oder Missbrauchsverfahren sogenannte PKS-Tests durch, um festzustellen, ob bei gegebenen Vorleistungsentgelten den zugangssuchenden Unternehmen ausreichende Margen verbleiben können, um im Wettbewerb bestehen zu können. Nach § 28 Abs. 1 TKG darf ein „Anbieter von Telekommunikationsdiensten, der über beträchtliche Marktmacht verfügt [...] diese Stellung bei der Forderung und Vereinbarung von Entgelten nicht missbräuchlich ausnutzen.“ Ferner spezifiziert § 28 Abs. 2 Nr. 2 TKG, dass ein solcher Missbrauch vermutet wird, wenn „die Spanne zwischen dem Entgelt, das der Betreiber eines öffentlichen Telekommunikationsnetzes, der über beträchtliche Marktmacht verfügt, Wettbewerbern für eine Zugangsleistung in Rechnung stellt, und dem ent-

---

5 Siehe hierzu auch https://www.telekom.com/de/medien/details/-die-zukunft-ist-eins-die-neue-kommunikationskampagne-der-deutschen-telekom-350586. Abgerufen am 23. September 2020.

6 In der Tat befasst sich ein großer Teil der wissenschaftlichen Literatur zu Preis-Kosten-Scheren mit Infrastrukturmärkten bzw. Netzindustrien und hier insbesondere mit Telekommunikationsmärkten (vgl. etwa Geradin und O'Donoghue, 2005; Colley und Burnside, 2006; Briglauer et al., 2010; Jullien et al., 2014; Gaudin und Saavedra, 2014; Gaudin und Matzari, 2016).

sprechenden Endnutzerentgelt nicht ausreicht, um einem effizienten Unternehmen die Erzielung einer angemessenen Verzinsung des eingesetzten Kapitals auf dem Endnutzermarkt zu ermöglichen (Preis-Kosten-Schere)."

Um einschätzen zu können, ob es einem effizienten Unternehmen möglich ist, eine solche „angemessene Verzinsung des eingesetzten Kapitals auf dem Endnutzermarkt" zu erzielen, müssen die tatsächlichen Wettbewerbsverhältnisse auf den betroffenen Märkten korrekt eingeschätzt werden. Die durch die BNetzA in der Vergangenheit durchgeführten PKS-Tests haben gezeigt, dass die ermittelten Erlösüberschüsse teilweise relativ gering waren. Angesichts der im Markt zu beobachtenden Preisrückgänge und Qualitätsverbesserungen können diese Überschüsse relativ schnell auf null schrumpfen und die Erlösüberschüsse potenziell überschätzt werden.

Das vorliegende Gutachten beschäftigt sich im Folgenden mit PKS-Tests und ihrer Ausgestaltung im Allgemeinen sowie der konkreten Durchführung dieser Tests durch die BNetzA im Besonderen. Dabei geht es darum zu analysieren, ob die Ausgestaltung durch die BNetzA dafür Sorge trägt, dass PKS auch im Zuge dynamischer, sich ständig wandelnder Telekommunikationsmärkte zuverlässig identifiziert und verhindert werden können. Dieser Aufgabe kommt künftig noch größere Bedeutung zu, weil aufgrund stabiler oder nach den Vorstellungen von DTAG sogar steigender Vorleistungsentgelte bei gleichzeitig tendenziell sinkenden Endkundentarifen das Risiko einer PKS deutlich steigt. Zusätzlich ist eine Tendenz erkennbar, dass neue Glasfasernetze eher nicht kostenbasiert, sondern über Nachbildbarkeitsgrundsätze reguliert werden könnten. Auch in diesem Kontext wird die Bedeutung der Bewertung von PKS eine wesentliche Rolle spielen.

Dazu ist anzumerken, dass die Migration der Telekommunikationsinfrastruktur von Kupfernetzen in neue Glasfasernetze neue regulatorische Herausforderungen bedingt. Die BNetzA hat bereits in ihrem Konsultationsdokument zu „Fragen der Entgeltregulierung bei FttH/B-basierten Vorleistungsprodukten mit Blick auf den Ausbau hochleistungsfähiger Glasfaserinfrastrukturen" die Bedeutung von PKS und PKS-Tests angemerkt (vgl. BNetzA, 2017, 26). Dies zeigt, dass in dieser Studie keineswegs eine „vorübergehende Problematik" diskutiert wird, die mit der Migration in Next Generation Networks (NGN) verschwindet. Im Gegenteil, die Entgeltregulierung bei FttH/B-basierten Vorleistungsprodukten wird neue Herausforderungen bringen und insbesondere die hier angeführte Bündelproblematik wird sicherlich noch zunehmen.

Zur besseren Einordnung der Problematik stellen wir die relevanten Ziele des TKG im folgenden Abschnitt dar und betten damit PKS und PKS-Tests in den Rahmen des Gesamtsystems des TKG ein.

2.2 Zielsetzung des TKG

Zu den Zielen des TKG zählt gemäß § 2 Abs. 1 Nr. 1 TKG zunächst die Wahrung von Nutzer- und Verbraucherinteressen. Hierbei geht es insbesondere um einen ungehinderten und diskriminierungsfreien Zugang zu Telekommunikationsdienstleistungen sowie die Wahrung des Fernmeldegeheimnisses. Für die wettbewerbsökonomische Betrachtung von PKS-Tests ist jedoch insbesondere § 2 Abs. 1 Nr. 2 TKG relevant, demzufolge Ziel der Regulierung „die Sicherstellung eines chancengleichen Wettbewerbs und die Förderung nachhaltig wettbewerbsorientierter Märkte der Telekommunikation im Bereich der Telekommunikationsdienste und -netze sowie der zugehörigen Einrichtungen und Dienste, auch in der Fläche“ ist. Zudem soll sichergestellt werden, dass den Nutzern der größtmögliche Nutzen in Bezug auf Auswahl, Preise und Qualität erbracht wird. Zudem soll die Regulierung gewährleisten, „dass es im Bereich der Telekommunikation, einschließlich der Bereitstellung von Inhalten, keine Wettbewerbsverzerrungen oder -beschränkungen gibt.“ Zu Letzterem gehört auch der diskriminierungsfreie Zugang zu bestimmten Infrastrukturelementen, da ansonsten ein chancengleicher Wettbewerb nicht möglich ist.

Die Regulierung von wesentlichen Vorleistungsentgelten allein verhindert jedoch nicht immer wirksam, dass vertikal integrierte Anbieter den Wettbewerb erheblich behindern können. Sofern ein vertikal integrierter Anbieter mit erheblicher Marktmacht bei regulierten Vorleistungspreisen die eigenen Endkundenpreise so niedrig ansetzt, dass die verbleibende Marge zwischen Endkunden- und Vorleistungspreisen kein nachhaltiges Engagement von Wettbewerbern ermöglicht, entsteht eine sog. Preis-Kosten-Schere (PKS). Um der Gefahr von Preis-Kosten-Scheren und einer dadurch induzierten Behinderung des Wettbewerbs entgegenzuwirken, führt die Bundesnetzagentur (BNetzA) PKS-Tests durch.

Nach § 28 Abs. 2 Nr. 2 TKG wird, wie bereits erwähnt, ein Missbrauch beträchtlicher Marktmacht vermutet, wenn eine Preis-Kosten-Schere vorliegt. Darüber hinaus gibt § 28 Abs. 2 Nr. 3 TKG vor, dass von einem Missbrauch beträchtlicher Marktmacht auszugehen ist, wenn „ein Unternehmen bei seinem Produktangebot eine sachlich ungerechtfertigte Bündelung vornimmt.“ Aus ökonomischer Perspektive ist die so definierte ungerechtfertigte Bündelung ein – wichtiger – Spezialfall einer PKS. Die Identifikation von PKS (und auch ungerechtfertigter Bündelung) ist wichtig, um den in § 2 TKG beabsichtigten chancengleichen Wettbewerb sicherzustellen und die Entwicklung nachhaltig wettbewerbsorientierter Märkte der Telekommunikation im Bereich der Telekommunikationsdienste und -netze sowie der zugehörigen Einrichtungen und Dienste zu fördern.

In § 2 Abs. 1 Nr. 5 TKG wird zudem als Ziel „die Beschleunigung des Ausbaus von hochleistungsfähigen öffentlichen Telekommunikationsnetzen der nächsten Generation“ festgehalten. Wettbewerber können jedoch nur dann in den Aufbau eigener Netzinfrastrukturen investieren, wenn sie am Markt auskömmliche Renditen erwirtschaften können. Dies ist nicht möglich, wenn die notwendigen Renditen aufgrund der Nutzung von Vorleistungen nicht zu erzielen sind.

Dieser Aspekt ist von besonderer Bedeutung, weil die ökonomische Fachliteratur die Bedeutung einer modernen Telekommunikationsinfrastruktur für das Wachstum von Volkswirtschaften weltweit klar belegt (vgl. etwa Cronin et al., 1991; Röller und Waverman, 2001; Cieslik und Kaniewska, 2010; Chakraborty und Nandi, 2011). Die Weiterentwicklung der Telekommunikationsinfrastruktur eines Landes kann nicht allein durch einen etablierten Anbieter erfolgen. Das aus regulatorischer Perspektive wichtige Konzept des Infrastrukturwettbewerbs kann und soll hier ebenfalls einen Beitrag leisten. Sollen Wettbewerber des etablierten Anbieters dort investieren, wo es aus ökonomischer Sicht sinnvoll ist, muss der angemessene Zugang zu den wesentlichen Einrichtungen, die aus wohlfahrtsökonomischer Perspektive nicht dupliziert werden sollen, gegeben sein.

Diese Ziele sind auch aus regionalökonomischer Perspektive von Relevanz, weil Regionen ohne moderne Telekommunikationsabdeckung langfristig nicht wettbewerbsfähig bleiben bzw. werden können.

2.3 Weiterer Gang der Untersuchung

Im folgenden Abschnitt 3 definieren wir zunächst PKS und stellen die damit verbundene ökonomische Theorie dar. Anschließend wird die PKS-Problematik auf den Fall von Produktbündeln erweitert. Das vierte Kapitel stellt zunächst die europäische Fallpraxis anhand ausgewählter Entscheidungen von Kartell- und Regulierungsbehörden dar und widmet sich anschließend der Umsetzung von PKS-Tests durch die BNetzA. Die Erkenntnisse dieses Kapitels dienen dazu, die Fallpraxis der BNetzA im fünften Kapitel einer ökonomischen Bewertung zu unterziehen, um potenziellen Handlungsbedarf abzuleiten. Im weiteren Verlauf des Gutachtens arbeiten wir im Kapitel 6 Reformvorschläge zur Umsetzung von PKS-Tests und somit auch zur präziseren Identifikation von PKS auf Telekommunikationsmärkten aus. Das Gutachten schließt mit einem Fazit im siebten Kapitel.

3. Ökonomische Theorie

Preis-Kosten-Scheren sind in vielen Branchen relevant, in denen vertikale Strukturen eine wichtige Rolle spielen. In den letzten Jahren wurden PKS-Tests insbesondere auf Telekommunikationsmärkten angewandt. Auch die ökonomische Literatur hält PKS besonders relevant für Telekommunikationsmärkte. Ein erheblicher Teil der wissenschaftlichen Literatur zu PKS befasst sich daher mit Telekommunikationsmärkten (vgl. u.a. Geradin und O'Donoghue, 2005; Colley und Burnside, 2006; Briglauer et al., 2010; Jullien et al., 2014; Gaudin und Saavedra, 2014; Gaudin und Matzari, 2016).

Um die Relevanz und Wirkung von PKS besser zu verstehen und anschließend eine ökonomisch fundierte Bewertung der Testpraxis der BNetzA vornehmen zu können, wird nun vorab ein theoretischer Überblick gegeben. Abschnitt 3.1 zeigt zunächst auf, dass PKS als ein Spezialfall von Verdrängungspreisen verstanden werden können. Abschnitt 3.2 geht sodann auf die Besonderheiten von Produktbündelung im Kontext von PKS ein. Allgemein wird im Folgenden aufgezeigt, dass adäquate PKS-Tests gerade auf den Telekommunikationsmärkten eine gewichtige Rolle spielen, um die Regulierungsziele des TKG nicht zu verfehlen und einen chancengleichen Wettbewerb sicherzustellen und nachhaltig wettbewerbsorientierte Märkte zu fördern.

3.1 Definition und Theorie von PKS

PKS können aus ökonomischer Sicht als ein Spezialfall von Verdrängungspreisen interpretiert werden. Um dies zu verstehen, hilft ein Blick auf die Definition beider Begriffe. Als Verdrängungspreis-Strategie wird jene Preissetzung eines Unternehmens bezeichnet, bei der kurzfristige Verluste in Kauf genommen werden, um einen oder mehrere Wettbewerber aus dem Markt zu verdrängen (vgl. Motta, 2009, S. 412). Langfristig kann das betrachtete Unternehmen somit auf Grund des geringeren Wettbewerbsdrucks der nun reduzierten oder gar ausgeschalteten Wettbewerber höhere Gewinne einfahren als zuvor und die kurzfristigen Verluste ausgleichen. Ziel des betrachteten Unternehmens ist es folglich, seine Wettbewerber aus dem Markt zu verdrängen, um langfristig seinen Gewinn zu maximieren (vgl. Motta, 2009, S. 412).

Als PKS werden nun solche Strategien bezeichnet, bei denen ein vertikal integriertes Unternehmen seine nicht vertikal integrierten Wettbewerber mit Vorleistungsprodukten beliefert und hierbei zwischen dem Vorleistungspreis und dem eigenen Endkundenpreis eine so geringe Spanne belässt, dass es seinen Wettbewerbern nicht möglich ist, hinreichende Deckungsbeiträge zu erwirtschaften, um langfristig am Markt bestehen zu können (vgl. Motta, 2009, S. 491). Es ist zu sehen, dass beide Strategien dasselbe Ziel der Marktverdrängung bezwecken. Im Gegensatz zu regulären klassischen Verdrängungspreisen muss das betrachtete Unternehmen bei Vorliegen einer PKS jedoch nicht unbedingt kurzfristige Verluste in Kauf nehmen, um den Wettbewerb zu beschränken. Im Gegenteil kann es auf Grund der vertikalen Integration die Preissetzung für die Vorleistung so anpassen, dass Wettbewerber den Preis des Marktführers auf dem Retail-Markt nicht nachbilden können und zugleich eine angemessene Marge erreichen. Der Marktführer hat daher starke Anreize, einen Preis für seine Vorleistungen oberhalb der Kosten für die Bereitstellung zu wählen, um so mit den Vorleistungen positive Deckungsbeiträge zu erzielen. In der Gesamtbetrachtung kann der Marktführer dann – anders als bei klassischen Verdrängungspreisen – selbst bei Vorliegen einer PKS kurzfristig Gewinne erzielen.

PKS werden insbesondere dann als relevant eingestuft, wenn es sich bei den bereitgestellten Vorleistungsprodukten um essenzielle Vorleistungen handelt, ohne die eine effiziente Bereitstellung des Endproduktes nicht realisierbar ist.

Im Zuge der folgenden Analyse wird das vertikal integrierte Unternehmen nun als Marktführer bezeichnet, der beträchtliche Marktmacht auf sich vereint. Zudem wird eine einfache Marktstruktur mit Wettbewerb auf dem nachgelagerten Retail-Markt und einem Monopol des vertikal integrierten Marktführers auf dem vorgelagerten Markt angenommen.

Abbildung 1: Schema PKS

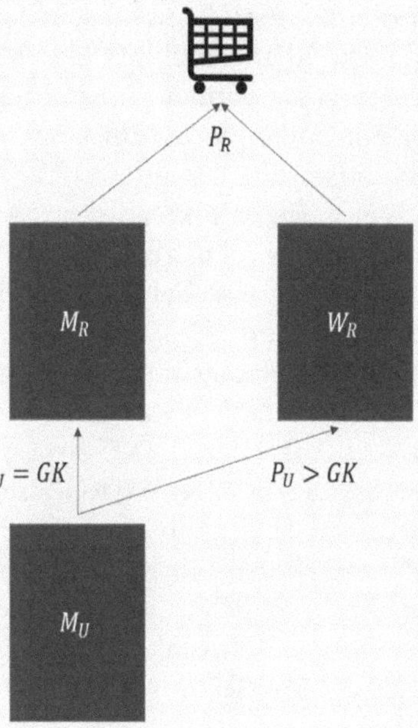

Der Marktführer M besitzt zwei Unternehmenseinheiten. Einheit M_U ist auf dem vorgelagerten Markt aktiv und stellt Vorleistungen für den nachgelagerten Retail-Markt zur Verfügung. Auf dem Retail-Markt sind zwei Unternehmen tätig: der Marktführer mit seiner Unternehmenseinheit M_R und ein Wettbewerber W_R. Der Preis der Vorleistung wird unternehmensintern zu Grenzkostenpreisen weitergereicht. Bei Verkauf der Vorleistung an den Konkurrenten wird auf die Kosten jedoch ein Gewinnaufschlag ε aufgeschlagen, sodass für das Vorleistungsprodukt der Preis P_U über den Grenzkosten liegt. Auf dem Retail-Markt muss der Wettbewerber jedoch den Retail-Preis des Marktführers halten. Setzt der Wettbewerber einen Preis oberhalb des Preises des Marktführers, so wandern die Endkunden zum günstigeren Markführer ab.

Es ergibt sich, dass der Wettbewerber aus dem Retail-Markt gedrängt wird, wenn der Gewinnaufschlag ε für das Vorleistungsprodukt auf dem vorgelagerten Markt hinreichend groß ist.

Quelle: DICE Consult.

Der Wettbewerber muss auf dem Retail-Markt nicht zwangsläufig Verluste machen, um aus dem Markt verdrängt zu werden. Vielmehr reicht es, dass keine angemessene Verzinsung des eingesetzten Kapitals zu erzielen ist und die resultierenden Gewinne unzureichend für Investitionen sind, die in Netzindustrien, wie eingangs bereits ausgeführt, von Bedeutung sind, um ein nachhaltiges Wachstum zu erreichen.

Die bisherigen theoretischen Ausführungen zu PKS beziehen sich auf Ein-Produkt-Unternehmen. In der Realität, insbesondere auf den Telekommunikationsmärkten, bieten die Unternehmen jedoch viele Produkte zugleich an. Am Beispiel der Telekommunikation zeigt sich, dass die Anbieter z.B. sowohl Breitbandanschlüsse für Zuhause (Festnetz) als auch Mobilfunkverträge anbieten. In diesem Fall solcher Bündelangebote ist die Betrachtung von PKS ungleich komplexer, aber auch ungleich wichtiger, wie im Folgenden dargestellt wird. Insbesondere das zunehmende Angebot von gebündelten Produkten ist hierbei eine Herausforderung.

3.2 PKS und Bündelangebote

Wie bereits erwähnt hat das Angebot von Bündelprodukten und somit gebündelten Tarifen aus beispielsweise festem Breitbandanschluss und Mobilfunkvertrag in den letzten Jahren deutlich zugenommen. Im Rahmen der vorliegenden Studie zu PKS wird im Folgenden wiederum eine beispielhafte Marktsituation betrachtet, in der ein vertikal integrierter Marktführer auf den Retail-Märkten mit seinen Wettbewerbern konkurriert. Auf einem dieser Märkte ist er zudem vertikal integriert und bietet die notwendigen Vorleistungen allen seinen Wettbewerbern an. Die Betrachtung dieses einzelnen Retail-Marktes in Abschnitt 3.1 hat gezeigt, dass der Marktführer seine Konkurrenten durch geeignete Preissetzung für das Vorleistungsprodukt durch eine PKS aus dem Markt verdrängen kann. Im TKG wird dazu zwar zwischen der PKS nach § 28 Abs. 2 Nr. 2 TKG und der sachlich ungerechtfertigten Bündelung nach § 28 Abs. 2 Nr. 3 TKG unterschieden. Ökonomisch geht es jedoch in beiden Fällen um einen Marktverschluss durch eine Preisstrategie von Unternehmen mit beträchtlicher Marktmacht, welche es Wettbewerbern nicht ermöglicht, diese Produkte ebenfalls kompetitiv anzubieten und in dem Sinne nachzubilden.

Im Folgenden wird betrachtet, inwieweit die Preissetzung für die Vorleistung auf einem Retail-Markt den Wettbewerb auf allen anderen Retail-Märkten mit beeinflussen kann. Zu diesem Zweck soll zunächst der Begriff der Produktbündelung näher beschrieben werden: Man stelle sich ein Unternehmen vor, dass zwei Produkte (A und B) anbietet. Der Konsument kann die beiden Produkte einzeln erwerben oder die beiden Produkte als Bündel zusammen beziehen. In diesem Fall wird der Preis für das Bündel unter der Summe der Einzelpreise der einzelnen Produkte liegen,[7] sodass den Konsumenten Anreize geschaffen werden, konvergente Produkte der Unternehmen gebündelt zu beziehen.

In der wettbewerbsökonomischen Theorie resultieren aus einer solchen Produktbündelung sowohl positive als auch negative Auswirkungen auf den Wettbewerb, die einer genauen Abwägung bedürfen. Zunächst einmal ist ein solches Bündelprodukt aus Konsumentensicht erstrebenswert, sollte

7 Neben der zuvor beschriebenen Form des „mixed bundling“ gibt es auch das sogenannte „pure bundling“. Bei dieser Form der Produktbündelung kann der Konsument die beiden Produkte A und B nicht separat erwerben. Die beiden Produkte müssen in diesem Fall gebündelt erworben werden oder gar nicht. Die vorliegende Studie konzentriert sich jedoch auf den ersten Fall der Bündelung. Die Ergebnisse sind jedoch auch auf den zweiten Fall übertragbar.

der Konsument beide Produkte des Bündels nachfragen. In diesem Fall zahlt er einen geringeren Preis, als wenn er beide Produkte einzeln beziehen muss. Die betriebswirtschaftliche Rationalität hinter dieser Preisstrategie beruht darauf, dass dem Unternehmen Verbundvorteile durch die gemeinsame Vermarktung der Produkte entstehen. Aus wettbewerbsökonomischer Sicht müssen jedoch auch Lock-in Effekte in die Betrachtung mit einbezogen werden. Auf den Telekommunikationsmärkten ist es zumeist so, dass Verträge über 12 oder 24 Monate abgeschlossen werden.[8] Entscheidet sich der Konsument für ein Produkt, so ist er für die nächsten Monate zunächst einmal an diesen Tarif gebunden. Entscheidet er sich gar für ein Produktbündel, so ist er für beide Produkte für ein bis zwei Jahre an das Unternehmen gebunden. Nach Ablauf des Vertrags kann er diesen entweder verlängern oder zu einem anderen Unternehmen wechseln. Da er jedoch zuvor das günstige Bündelprodukt eingekauft hat, ist es für ihn nicht lukrativ, nur für eines der Produkte den Anbieter zu wechseln, da er ansonsten die Bündelungsrabatte verliert. In dieser Hinsicht ist er somit an seinem bisherigen Anbieter gebunden (locked-in), der durch die Produktbündelung somit langfristig seine Marktposition durch Generierung von Wechselkosten auf Seiten der Kunden verstärken kann. Es ergibt sich somit ein Trade-off zwischen kurzfristig niedrigen Preisen, um Kunden anzulocken, und langfristigen Lock-in-Effekten, die den Wettbewerb bremsen.

In Bezug auf die Relevanz von PKS im Zusammenhang mit Produktbündelung muss die Analyse aus Abschnitt 3.1 erweitert werden. Zunächst ist festzuhalten, dass das relevante Endkundenprodukt nun nicht ein einzelnes Produkt ist, sondern vielmehr das Bündel beider angebotenen Produkte umfasst. Für die weitere theoretische Analyse wird angenommen, dass Markt 1 durch das Marktsetting aus Abschnitt 3.1 charakterisiert wird. Auf dem zweiten Markt sind beide Unternehmen vertikal integriert und erbringen ihre eigenen Vorleistungen. Der Wettbewerb auf dem Retail-Markt zwingt sie dabei effizient zu wirtschaften, sodass beide Unternehmen denselben effizienten Bereitstellungskosten des Vorproduktes unterliegen. Die Annahme symmetrischer Kosten auf Markt 2 erlaubt es, vollständig auf die Auswirkungen der Preissetzung für das Vorleistungsprodukt in Markt 1 zu fokussieren.

Abbildung 2 im nächsten Kästchen zeigt, dass die Logik der Situation aus Abschnitt 3.1 weiterhin gültig bleibt. Das Vorleistungsprodukt aus

---

8 Im Mobilfunkbereich existieren auch Prepaid-Tarife, im Festnetzbereich jedoch nicht.

Markt 1 geht auch in diesem Fall in die Preissetzung für das Bündelangebot ein. Gegeben, dass die beiden Unternehmen symmetrische Kosten auf Markt 2 aufweisen, kann der Marktführer auch in diesem Szenario einen Preis für sein Vorleistungsprodukt setzen, sodass Unternehmen 2 den Preis für das Produktbündel nicht nachbilden kann. In diesem Fall wirkt sich die PKS aus Markt 1 auch auf Markt 2 aus. Der Marktführer verdrängt seinen Wettbewerber durch das Bündelangebot somit nicht nur aus Markt 1, sondern schließt ihn auch von der Produktbündelung aus. Wie bereits zuvor dargestellt, führt die Bündelung zudem zu Lock-in-Effekten, die es dem Wettbewerber nun unmöglich machen, jene Kunden des Marktführers auf den einzelnen Märkten zurückzugewinnen. Je akzeptierter die Bündelangebote bei den Konsumenten sind, umso kleiner ist der Anteil jener Konsumenten, die dem Wettbewerber zugänglich bleiben.

Es ist hierbei wichtig anzumerken, dass der Marktführer im ersten Markt keine PKS anwenden muss, damit der Wettbewerber das Bündelprodukt nicht nachbilden kann. Bei ansonsten symmetrischen Kosten kann es schon ausreichen, wenn der Marktführer einen Preis verlangt, der über seinen eigenen Kosten liegt, die aggregierten Kosten des Wettbewerbers in den Märkten 1 und 2 jedoch die aggregierten Kosten des Marktführers übersteigen. Der Marktführer kann somit einen Preis für das Produktbündel ansetzen, der unterhalb der Kosten des Wettbewerbers, aber doch oberhalb seiner eigenen Kosten liegt, das Bündel aber somit für den Wettbewerber nicht nachbildbar ist. Durch monetäre (und nicht monetäre) Rabattierung des Bündeltarifes kann der Marktführer den effektiven Preis für das Bündel nun soweit senken, dass der Wettbewerber nicht länger in der Lage ist, den Preis für das Bündelprodukt nachzubilden, obwohl er augenscheinlich in der Lage ist, beide Einzeltarife kostendeckend anzubieten. Erst die Rabattierung des Bündeltarifes etabliert die PKS für das Bündelprodukt.

Abbildung 2: Schema PKS und Bündelung

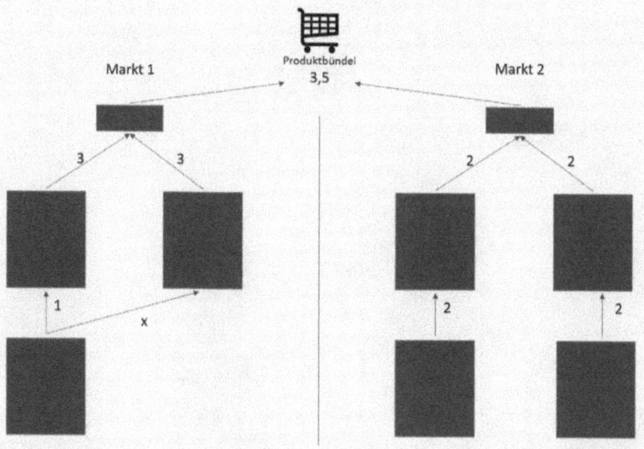

Abbildung 2 zeigt, dass eine PKS in Markt 1 besteht, wenn der Marktführer einen Preis für seine Vorleistungen (x) von mehr als 3 setzt. Dem Wettbewerber ist es allerdings bereits bei einem Preis von 2 nicht mehr möglich, das Bündelprodukt kostendeckend anzubieten, obwohl er effizient auf dem zweiten Markt operiert. Wie bereits beschrieben, bilden insbesondere die künftigen Verfahren der BNetzA zu Bitstrom-Leistungen und TAL-Entgelten die Motivation für diese Studie. In diesem Kontext kann Abbildung 2 als Tarifbündel aus dem Breitbandbündel (Festnetz/Internet) und einem Mobilfunkvertrag interpretiert werden. Das Breitbandbündel mit seinem reguliertem Vorleistungstarif (TAL) wird in den letzten Jahren vermehrt in Kombination mit einem Mobilfunkvertrag angeboten. Die DTAG als reguliertes Unternehmen bietet seinen Wettbewerbern Vorleistungen des Breitbandbündels an. Da im Markt für Mobilfunkverträge von wesentlichem Wettbewerb ausgegangen werden kann, ist zu vermuten, dass die Gewinne der Unternehmen in einem wettbewerblichen Rahmen liegen. Da die zu realisierenden Gewinne in Markt 2 durch den Wettbewerb begrenzt sind, kann eine indirekte PKS auf Markt 1 die Wettbewerber daran hindern, das Produktbündel kostendeckend anzubieten. Die PKS auf Markt 1 kann den Wettbewerber somit auch effektiv vom Markt für Bündelprodukte ausschließen.

Quelle: DICE Consult.

Nachdem zuvor aufgezeigt wurde, dass ein marktmächtiges Unternehmen seine Marktmacht durch das Instrument einer PKS auch auf benachbarte Märkte und/oder Bündeltarife ausweiten kann, ist darauf hinzuweisen, dass eine PKS für ein besonders wichtiges Marktsegment in einem Bündelangebot versteckt werden kann. Das marktmächtige Unternehmen kann die PKS so aufsetzen, dass es dem Wettbewerber zwar möglich ist, das Bündelangebot kostendeckend nachzubilden, jedoch nicht in der Lage ist, im lukrativen Markt 1 mit dem Marktführer zu konkurrieren.

Abbildung 3: Schema PKS und Bündelung II

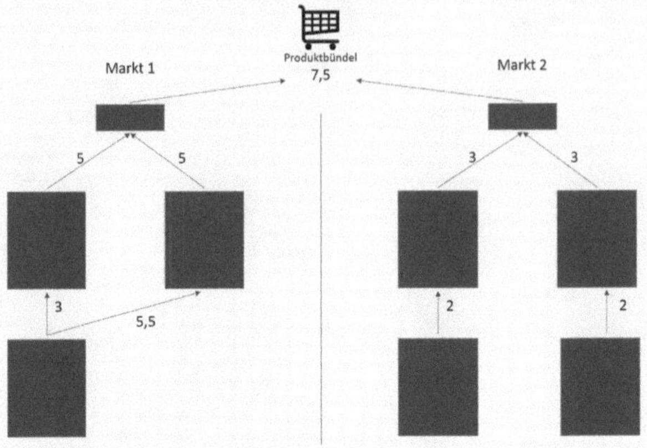

Um dies darzustellen, wird zunächst die vorausgegangene Grafik leicht abgeändert. Insbesondere ist nun zu sehen, dass die kumulierten Kosten des Wettbewerbers den Preis des Bündels von 7,5 nicht übersteigen. Der Wettbewerber kann das Bündel somit kostendeckend anbieten. Ein PKS Test auf Ebene des Bündels würde somit nicht ausschlagen. Dem marktmächtigen Unternehmen ist es jedoch gelungen durch eine im Bündel versteckte PKS den Markt 1 zu monopolisieren. Dem Wettbewerber ist es nicht möglich, Produkt 1 kostendeckend anzubieten. Dies hat insbesondere dann schwerwiegende Folgen für den Wettbewerb, wenn es sich bei Markt 1 um einen besonders bedeutsamen Markt handelt.

Quelle: DICE Consult.

3.3 Fazit

Die wettbewerbsökonomische Theorie zeigt, dass PKS ein stark wettbewerbsverzerrendes Potenzial aufweisen und daher von Regulierungs- und Aufsichtsbehörden zurecht aufmerksam überwacht werden sollten. Insbesondere die ex-ante-Überprüfung von regulierten Vorleistungspreisen ermöglicht eine enge Kontrolle von Anbietern mit beträchtlicher Marktmacht, um einen chancengleichen Wettbewerb nach § 2 Abs. 1 Nr. 2 TKG sicherzustellen. Auf Telekommunikationsmärkten stellt die zunehmende Bündelung von Produkten und damit einhergehende Bündeltarife Aufsichtsbehörden schon länger vor zunehmende Herausforderungen, insbesondere wenn für Bündelprodukte teilweise auf Vorleistungen von Anbietern mit beträchtlicher Marktmacht zurückgegriffen werden muss. Es wurde aufgezeigt, dass die Bündelung von Produkten es einem marktbeherrschenden Unternehmen ermöglichen kann, seine Stellung auch auf benachbarte Märkte auszudehnen.

4. Umsetzung der Theorie auf Telekommunikationsmärkten

PKS können als ein Spezialfall von Verdrängungspreisen verstanden werden. Auf Telekommunikationsmärkten spielt die Betrachtung von PKS eine wichtige Rolle, da vertikal integrierte Unternehmen ihren Konkurrenten Zugriff auf essenzielle Netzinfrastruktur gewähren müssen, damit Letztere auf dem Endkundenmarkt agieren können. Motivation dieser Studie bilden künftige Entscheidungen der BNetzA zu Bitstrom-Leistungen und TAL-Entgelten. In diesem Kontext gewährt die Deutsche Telekom ihren Konkurrenten Zugriff auf ihr Breitbandnetz. Der Umfang des Zugriffs (KVz-TAL, TAL, Bitstrom oder WIA)[9] bestimmt dabei die Höhe des zu zahlenden Entgeltes.

Breitbandprodukte werden Endkunden in Deutschland zumeist als Breitbandbündelprodukte aus Festnetztelefonie und Internetzugang angeboten. Vielfach werden jedoch auch konvergente Bündelangebote aus dem genannten Breitbandbündel und einem Mobilfunkvertrag angeboten. Im nächsten Abschnitt wird nun zunächst die Fallpraxis der europäischen Wettbewerbs- und Regulierungsbehörden in diesem Kontext aufgezeigt. Hierauf aufbauend wird hergeleitet, was aus Sicht der europäischen Regulierungsbehörden das relevante Produktbündel darstellt. Anschließend wird die Entscheidungspraxis der BNetzA näher beleuchtet.

4.1 Europäische Fallpraxis

Die Darstellung der europäischen Fallpraxis zu PKS wird im Folgenden insbesondere mit Bezug auf die zunehmende Produktbündelung exemplarisch dargestellt. Hierzu werden zunächst Leitlinien von Regulierungsbehörden und in Auftrag gegebene Studien wiedergegeben. Im Anschluss werden ausgewählte Fälle der europäischen Regulierungspraxis aufgezeigt.

---

9 Siehe Deutsche Telekom, „Vorleistungsprodukte der Deutschen Telekom". Verfügbar unter: " https://www.google.com/url?sa=t&rct=j&q=&esrc=s&source=web&cd=&ved=2ahUKEwjunMH5srPrAhXFGuwKHesoDGwQFjAAegQIAhAB&url=https%3A%2F%2Fwww.telekom.com%2Fresource%2Fblob%2F314632%2F81f120778e69ece41244e7f85ab8abb2%2Fdl-vorleistungsprodukte-data.pdf&usg=AOvVaw0i2SO-klrWeiXHVbLuezps". Abgerufen am 24. August 2020.

4.1.1 Leitlinien und Studien

Die zunehmende Produktbündelung stellt die europäischen Regulierungsbehörden bei der Durchführung von PKS-Tests vor zunehmende Probleme. Vor diesem Hintergrund wurden in den letzten Jahren verschiedene Strategiepapiere/Leitlinien erstellt bzw. in Auftrag gegeben. Im Folgenden werden drei dieser Papiere in chronologischer Reihenfolge näher vorgestellt.

Bereits im Jahr 2007 hat die BNetzA ein Hinweispapier zu PKS herausgegeben. Hintergrund war insbesondere die beobachtete zunehmende Produktbündelung, aber auch die Zunahme von Pauschalentgelten (vgl. BNetzA, 2007). Im gegebenen Kontext wird an dieser Stelle auf die Ausführungen der BNetzA zur Bündelung abgestellt.

Die BNetzA hält fest, dass nicht pauschal beantwortet werden kann, ob sich PKS-Tests auf einzelne Märkte beschränken sollten oder auf marktübergreifende Bündeltarife anzuwenden sind. Ausschlaggebend seien hier die jeweiligen Wettbewerbsverhältnisse. Vor dem Hintergrund, dass sich PKS-Tests an der Nachbildbarkeit von Tarifen durch das effiziente Unternehmen orientieren, kommt es laut BNetzA insbesondere auf das Geschäftsmodell der effizienten Wettbewerber an. Insbesondere sollten die Bündeltarife dann herangezogen werden, wenn diese auch durch den „von allen als Referenz heranzuziehenden effizienten Wettbewerber ebenfalls in Kombination angeboten werden können“ (vgl. BNetzA, 2007, S. 62).

Mit Blick auf die Bündelung von Produkten in regulierten und nicht regulierten Tarifen erkennt die BNetzA die zuvor dargestellte Problematik der Marktmachtübertragung eines Anbieters mit beträchtlicher Marktmacht auf einen nicht regulierten Markt grundsätzlich an (vgl. BNetzA, 2007, S. 63). Zugleich wird angemerkt, dass ein PKS-Test für solche Bündel in der Praxis schwierig sein kann, da dem Regulierer keine Kosten- und Erlöskennziffern vom nicht regulierten Markt vorliegen (siehe BNetzA, 2007 S. 63).

Generell sollte ein PKS-Test auf Grund der sich dynamischen verändernden Tarifstrukturen generell auf „die zu erwartenden Nutzungscharakteristika eines *künftigen* Durchschnittskunden“ abzielen (siehe BNetzA, 2007, S. 62).

BEREC (Body of European Regulators for Electronic Communications)[10] hat vor demselben Hintergrund wie die BNetzA im Jahr 2009 eben-

10 Seit 2010 unter dem Namen Gremium Europäischer Regulierungsstellen für elektronische Kommunikation, früher ERG (European Regulators Group for

falls ein Strategiepapier veröffentlicht, um den Fragestellungen in Bezug auf PKS-Tests im Kontext der zunehmenden Tarifbündelung gerecht zu werden (vgl. ERG, 2009). Die Argumente des BEREC stehen dabei in Einklang mit der BNetzA. Insbesondere hebt das Strategiepapier die hohe Bedeutung der Bündelangebote im Kontext der PKS-Tests hervor (vgl. ERG, 2009, Tz. 120). Dennoch merken die Autoren auch hier an, dass ein PKS-Test im Falle einer gebündelten Betrachtung zumeist regulierte und nicht regulierte Märkte umfassen würde. Eine solche Analyse benötige viele Informationen und die Datenverfügbarkeit sei vermutlich eingeschränkt (vgl. ERG, 2009, Tz. 121). BEREC schlägt sodann vor, komplementäre Analysen zu nutzen, so z.B. bezüglich Nachfragekomplementaritäten, ob die Preise permanenter Natur sind oder auch ob das angebotene Bündel auf ein zentrales Nachfragesegment ausgerichtet ist (vgl. ERG, 2009, Tz. 122). Im Allgemeinen stelle sich die Analyse jedoch als schwierig heraus, da die gemeinsame Marge des Bündels auf einzelne Tarife verteilt werden müsste (vgl. ERG, 2007, Tz. 121).

Ein aktuelleres Strategiepapier stammt aus dem Jahr 2017 und wurde vom Beratungsunternehmen Oxera für die ComReg (Commission for Communications Regulation) in Irland erstellt. Auch in diesem Papier wird einleitend ausgeführt, dass der Marktführer seine Marktmacht durch Produktbündelung auch auf benachbarte Märkte ausweiten kann (vgl. Oxera, 2017, S. 15). Oxera bemerkt sodann, dass die Möglichkeit des Marktführers, seine Marktmacht auf benachbarte Märkte auszuweiten, stark von der Nachfrage abhängt (vgl. Oxera, 2017, S. 24). Dabei müsse sowohl die Nachfrage nach dem betrachteten Bündelprodukt also auch nach den einzelnen Bestandteilen des Bündels betrachtet werden.

In Bezug auf den Zeithorizont, der bei einem PKS-Test für das relevante Bündel zu Grunde gelegt werden sollte, gibt Oxera zu bedenken, dass zwischen der durchschnittlichen Verweildauer eines Konsumenten bei einem Anbieter und der durchschnittlichen Bündellaufzeit unterschieden werden muss (vgl. Oxera, 2017, S. 46). Vor diesem Hintergrund schlagen die Autoren vor, dass die durchschnittliche Verweildauer angepasst werden sollte oder zusätzliche Rabattangebote für Kunden über die gesamte Verweildauer einkalkuliert werden sollten (vgl. Oxera, 2017, S. 47).

Nachdem nun aufgezeigt werden konnte, dass unterschiedliche Strategiepapiere der europäischen Regulierungsbehörden die große Bedeutung von Bündelangeboten im Kontext von PKS-Test anerkennen, werden im

---

Electronic Communications Networks and Services). Das zitierte Strategiepapier wurde noch unter dem Namen der Vorgängerorganisation veröffentlicht.

Folgenden einige Fälle aus der Regulierungspraxis vorgestellt, die in diesem Kontext relevant sind.

4.1.2 PKS-Fälle in Europa

Eine Übersicht über entschiedene PKS-Fälle in Europa findet sich in Tabelle 1 in diesem Abschnitt. Die Zusammenfassung konzentriert sich hierbei insbesondere auf den Punkt der Übertragung von Marktmacht auf benachbarte Märkte durch die Bündelung von Tarifen, um auf Fälle zu fokussieren, die in Bezug auf die Ausrichtung des Gutachtens passgenau sind. Ebenso werden Ausführungen zur Kundenverweildauer, über die die Unternehmen ihre Bereitstellungskosten amortisieren müssen, herausgehoben.

Im Jahr 2014 hat die Europäische Kommission ihre Entscheidung gegen Slovak Telekom/Deutsche Telekom veröffentlicht. In dieser stellt sie eine PKS (im Verfahren als Margenbeschneidung bezeichnet) fest. Der zugrunde liegende PKS-Test wurde auf „aggregierter Ebene" durchgeführt (siehe Europäische Kommission, 2014 Tz. 832). Die „aggregierte Ebene" umfasst dabei alle auf dem Endkundenmarkt angebotenen Dienste und beruht auf der Annahme, dass ein ebenso effizienter Wettbewerber in der Lage sein muss, das Produktportfolie von Slovak Telekom rentabel nachzubilden (siehe Europäische Kommission, 2014 Tz. 831 f.). Die Europäische Kommission kommt zu dem Schluss, dass ein ebenso effizienter Wettbewerber durch die PKS nicht in der Lage war, das Produktportfolio von Slovak Telekom über den Teilnehmeranschluss rentabel nachzubilden (siehe Europäische Kommission, 2014 Tz. 1023). Die vorausgesetzte Nachbildbarkeit des Produktportfolios war somit nicht gegeben.

Eine weitere Entscheidung, die sich insbesondere mit der Tarifbündelung im Zusammenhang mit PKS-Tests beschäftigt, stammt von der britischen Regulierungsbehörde Ofcom aus dem Jahr 2015. Hierbei ging es insbesondere um die Produktbündelung aus einem Breitbandbündel von Internet und Festnetztelefonie zusammen mit einem Pay-TV Produkt. Ofcom stellt in der Entscheidung mehrfach klar, dass alle durch das marktbeherrschende Unternehmen gebündelten Produkte in die Margen-Bertachtung mit einfließen müssen. (siehe Ofcom, 2015 Tz. 5.85 ff., Tz. 5.104 ff.). Sky hat als ein dem Verfahren beigeladenes Unternehmen eine zusätzliche ökonomische Studie durch CRAI in Auftrag gegeben, welche sich insbesondere auf die in Abschnitt 3 dargestellte ökonomische Theorie stützt. Ofcom kommt zu dem Befund, dass die für den PKS-Test entscheidende Margenbetrachtung unterlaufen würde, sollte nicht das gesamte Produktbündel berücksichtigt werden. Dies steht in Einklang mit der Theorie in Abschnitt 3. Das marktbeherrschende Unternehmen könnte dem PKS-Test „entweichen", wenn es Produktbündel anbietet und im PKS-Test nicht das gesamte Bündel betrachtet wird.

Tabelle 1: Auswahl von PKS-Fällen im Telekommunikationssektor in Europa

Land	**Markt**	**Behörde**	**Datum**	**Wichtige Erkenntnisse**	**Bußgeld**
Spanien	Breitbandmarkt	EC	Jul 07	Telefonica missbrauchte Marktstellung unter Erzwingung unangemessener Preise im Rahmen einer Preis-Kosten-Schere	151 Mio. EUR
Deutschland	Ortsnetzzugang	EC	Mai 03	DTAG missbrauchte marktbeherrschende Stellung durch unangemessene Preise für Bereitstellung des lokalen Zugangs zu ihrem Ortsnetz	12,6 Mio. EUR
Portugal	Breitbandmarkt	PCA	Sep 08	Das Verhalten führte zu einer Kosten-Preis-Schere. Durch die künstliche Herbeiführung einer Erhöhung der Vorleistungsentgelte und einer Senkung der Endkundenentgelte wurde verhindert, dass ein alternativer Betreiber, auch wenn er ebenso effizient war, gewinnbringend konkurrieren konnte.	
Polen	Breitbandmarkt	EC	Jun 11	Erhöhung indirekter Kosten (Verzögerte Verhandlungen etc.) haben Kosten der Wettbewerber unnötig in die Höhe getrieben und indirekte PKS bewirkt.	
Slowakei	Breitbandmarkt	EC	Okt 14	Mit beiden Verhaltensweisen hat Slovak Telekom ihre beherrschende Stellung missbräuchlich ausgenutzt und damit gegen Artikel 102 des Vertrags über die Arbeitsweise der Europäischen Union (AEUV) verstoßen.	70 Mio. EUR
UK	Triple-Play	Ofcom	März 2015	Bei der Durchführung eines PKS-Tests müssen alle gebündelten Produkte und diesbezügliche Rabatte einkalkuliert werden.	
Italien	Mobilfunk, SMS-Zustellung	ICA	Dez 17	Die ICA stellte insbesondere fest, dass Vodafone Italia seine marktbeherrschende Stellung missbraucht hat, indem es intern/extern diskriminierende Verhaltensweisen sowohl in technischer als auch in wirtschaftlicher Hinsicht praktizierte, was zu einer Kosten-Preis-Schere zum Nachteil der Wettbewerber im nachgelagerten Markt führte.	5,8 Mio. EUR

Land	Markt	Behörde	Datum	Wichtige Erkenntnisse	Bußgeld
Italien	Mobilfunk, SMS-Zustellung	ICA	Dez 17	Im Fall von Telecom Italia S.p.A. bestätigte die ICA, dass der Betreiber unter Inanspruchnahme der Hilfe von Telecom Italia Sparkle S.p.A. seine beherrschende Stellung missbraucht hat, indem er eine Kosten-Preis-Schere gegen einen ebenso effizienten Wettbewerber auf dem nachgelagerten Markt durchführte.	3,7 Mio. EUR

Quelle: DICE Consult.

Ein weiterer Beschluss der Europäischen Kommission stellt klar, dass eine PKS nicht immer durch die Erhöhung der Vorleistungspreise ausgelöst werden muss. Im Verfahren gegen Telekomunikacja Polska (2011) stellte die Kommission fest, dass eine PKS insbesondere durch die Erhöhung indirekter Kosten etabliert wurde (siehe Europäische Kommission, 2011 Tz. 5). Die Kommission stellt mehrere Punkte fest: Unverhältnismäßige Forderungen zu Beginn der Verhandlungen, Verzögerung der Verhandlungen, die Verweigerung, komplette Informationen bereitzustellen und weitere Zugangsbeschränkungen (siehe Europäische Kommission, 2011 Tz. 5).

Die österreichische Regulierungsbehörde RTR untersuchte ebenfalls die Bündelung von Breitband- und Mobilfunkprodukten (ERG, 2009, Tz. 47). Die PKS-Problematik im Zusammenhang mit Bündelprodukten wurde von RTR bereits im Jahr 2010 thematisiert. Im Zuge eines Diskussionsbeitrags zu PKS und Produktbündeln schrieb die Regulierungsbehörde, dass in Bezug auf Bündel auch PKS-Tests auf der Ebene dieser Bündel sinnvoll seien (RTR, 2010, 6). Zudem wurde festgestellt, dass die Nachfrage nach Bündeln durch Telekommunikationskunden wächst und vor dem Hintergrund der damit verbundenen Verbundvorteile künftig deutlich mehr PKS-Tests auf Ebene von Bündeln notwendig werden (RTR, 2010, 16).

4.2 Die relevante Produktebene bei Produktbündeln

Ausgehend von den Erkenntnissen der ökonomischen Theorie und der dargestellten Fallpraxis europäischer Behörden wird nun der Frage nach der sinnvollsten Aggregationsebene für PKS-Tests nachgegangen. Dabei stellt sich die Frage, inwieweit ein einzelner aggregierter Test den Besonderheiten der Produktbündelung und Tarifvielfalt gerecht werden kann.

Die ökonomische Theorie zeigt bereits auf, dass in Bezug auf Bündelangebote große Sorgfalt bei der Durchführung von PKS-Tests geboten ist. Hierbei zeigt sich in der Fallpraxis, dass insbesondere die Frage nach der

Nachbildbarkeit des Produktbündels durch einen effizienten Wettbewerber in den letzten Jahren in den Fokus gerückt ist. Aufgrund zusätzlicher Rabattierung bei Abschluss eines gebündelten Tarifes kann es dazu kommen, dass erst eine gemeinsame Betrachtung des Produktbündels eine PKS offenbart. Bei gesonderter Betrachtung des regulierten Tarifes hingegen kann es sein, dass der PKS-Test nicht anschlägt. Dieser Fall wurde bereits ausführlich in Abschnitt 3.2 erläutert. Es folgt, dass eine Betrachtung des Bündels in jedem Fall in Betracht gezogen werden sollte. Dies wird sowohl durch die ökonomische Theorie als auch durch die aktuelle Fallpraxis sowie weitere Studien gestützt. Eine isolierte Betrachtung des regulierten Tarifes ohne die Beachtung der gebündelten Produkte kann folglich dazu führen, dass eine PKS nicht identifiziert wird.

Eine aggregierte Betrachtung über gebündelte Tarife und/oder über Unterschiedliche Tarifgruppen hinweg kann jedoch auch dazu führen, dass eine PKS im Aggregat versteckt werden kann. So kann ein marktmächtiges Unternehmen eine PKS für bestimmte, besonders lukrative Zielgruppen-Tarife oder Bestandteile eines Bündels errichten, die aber in der aggregierten Betrachtung nicht aufgedeckt werden kann. In diesem Aggregat – sei es ein Produktbündel oder die Vielzahl an unterschiedlichen Tarifen – kann eine PKS somit effektiv versteckt werden. Letzten Endes ermöglicht eine solche Praxis der PKS-Tests dem Marktführer, sein Gesamtangebot im Aggregat gerade oberhalb der Schwelle für eine PKS-Identifikation auszurichten, während PKS für besonders wichtige Zielgruppen aufgebaut werden. Auf diese Weise kann ein marktmächtiges Unternehmen gezielt für einzelne Tarife oder Tarifgruppen eine PKS nutzen, um Konkurrenten je nach Marktsituation auszuspielen. Häufig wechselnde Rabatte und wechselnde Marketingkampagnen für einzelne Tarife oder Zielgruppen zeigen, dass die Telekommunikationsanbieter sehr flexibel auf das Angebot ihrer Konkurrenten reagieren können. Aus wettbewerbsökonomischer Sicht erscheint dies auf den ersten Blick wünschenswert. Gleichwohl ist es für einen chancengleichen Wettbewerb nicht zuträglich, wenn PKS für besonders interessante Zielgruppen eingesetzt werden können.

Die Antwort auf die Frage, welche Aggregationsebene für die Durchführung von PKS-Tests relevant ist, ist daher nicht leicht zu beantworten. Eine zentrale Feststellung der bisherigen Ausführung ist es jedoch, dass in jedem Fall relevante Produktbündel betrachtet werden müssen. Hierbei sollten alle Produkte in den PKS-Test mit einbezogen werden, die im Bündel enthalten sind. Zudem sollten auch disaggregierte Tests durchgeführt werden, um mögliche PKS auf der Ebene einzelner Tarife oder gar Zielgruppen aufdecken zu können.

Achtsamkeit ist jedoch bei einer zu strengen Auslegung der PKS-Tests geboten. Die Regulierung von Vorleistungsentgelten hat zum Ziel, den Wettbewerb nachhaltig zu stärken. Ein zu rigoroser Eingriff auf Basis einzelner Tarife und Rabattangebote kann jedoch den wettbewerblichen Freiraum des marktmächtigen Unternehmens derart eingrenzen, dass innovative Tätigkeiten auch in Form neuer Tarife zum Erliegen kommen. Dies ist für die nachhaltige Stärkung des Wettbewerbs im Sinne des Konsumenten-Nutzens nicht zielführend.

Eine Grenze des zu gewährenden wettbewerblichen Freiraums ist allerdings dann erreicht, wenn einzelne Tarife und Rabatte auf Kernelemente bzw. Kerngruppen des Marktes abzielen und somit geeignet sind, den Wettbewerb auch langfristig zu behindern. Hierzu zählt z.B. der Aufbau von Wechselbarrieren durch Lock-In Effekte, wie sie bei der Produktbündelung entstehen (s. Abschnitt 3.2). Auch spezielle Tarife und Rabattangebote für Kern-Kundengruppen sollten kritisch betrachtet werden.

Prinzipiell lassen sich dabei zwei Sachverhalte unterscheiden: Das Zusammenfassen verschiedener Kundengruppen, welche unterschiedliche Tarife wählen oder unterschiedliche Rabatte erhalten, ist im Rahmen eines PKS-Tests stets kritisch zu betrachten, da so die Gefahr besteht, dass Deckungsbeiträge, die mit einer weniger wechselwilligen (und somit in der Regel lukrativen) Kundengruppe A genutzt werden, um eine andere, prinzipiell wechselwillige Kundengruppe B quer zu subventionieren und für letztere durch eine PKS den Wettbewerb auszuschalten. Die Freiheit zum Wettbewerb sollte nämlich nicht die Freiheit zur wettbewerbswidrigen Quersubventionierung beinhalten. Davon zu unterscheiden ist die Zusammenfassung verschiedener Produkte in Bündeln, welche stark von *derselben* Kundengruppe konsumiert werden, in einem PKS-Test. Hier wäre es mit chancengleichem Wettbewerb zu vereinen, wenn zwar nicht mit jedem Einzelprodukt eines Bündels ein Deckungsbeitrag erwirtschaftet wird (im Vergleich zum Einzeltarif außerhalb des Bündelangebotes), aber das Bündelprodukt für die Kundengruppe, welche das Bündel nachfragen, nachbildbar ist, d.h. keine PKS vorliegt. Allerdings gilt dies wiederum auch nur, solange die betroffene Kundengruppe prinzipiell wechselwillig in Bezug auf *sämtliche* Elemente des Produktbündels ist. Ansonsten besteht erneut die Gefahr einer Quersubventionierung der Produktelemente, bei denen Konsumenten prinzipiell wechselwillig sind, aus Deckungsbeiträgen, die mit den Produktelementen erzielt werden, bei denen Konsumenten nicht prinzipiell wechselwillig sind.

Allgemein sollte bei der Implementierung der PKS-Tests darauf abgezielt werden, dass zunächst eine Komplettportfoliobetrachtung durchgeführt wird. Dabei sollte den Produktbündeln eine zentrale Rolle zukommen, da hier die Möglichkeiten einer impliziten Tarifgestaltung zu Lasten des Wettbewerbs besonders groß sind. Ungeachtet dessen sollte aber auch berücksichtigt werden, dass besondere Aspekte wie die Differenzierung nach Altersgruppen oder Online-Rabatte portfoliobezogen ebenso zu prüfen sind.

4.3 Vorgehen in Bezug auf PKS-Tests der BNetzA gemäß TKG

Die Bundesnetzagentur führt PKS-Tests gemäß § 28 Abs. 2 Nr. 2 TKG durch. Darüber hinaus hat die BNetzA zur Konkretisierung ihrer Vorgehensweise Hinweise zu PKS-Tests herausgegeben (vgl. BNetzA, 2010). In diesen Hinweisen wird bereits in einem gesonderten Abschnitt auf die Bündelproblematik eingegangen. Die BNetzA verweist darauf, dass isolierte Tarife nicht zwangsläufig mit Bündelangeboten vergleichbar sind, was schon im Jahr 2010 dadurch deutlich wurde, dass die günstigsten Tarife häufig Bestandteil eines Bündelangebots waren. Diese Erkenntnis ist auch heute noch gültig und hat sich in ihrer Bedeutung noch verstärkt.

Grundsätzlich geht die BNetzA bei der Durchführung von PKS-Tests in der Form vor, die Kosten und Erlöse eines effizienten Wettbewerbers gegenüberzustellen, um herauszufinden, ob ein solcher effizienter Wettbewerber unter den relevanten Marktbedingungen in der Lage ist, auf Basis des entsprechenden Vorleistungsentgelts sowie weiterer relevanter Kosten, das Angebot des etablierten Anbieters nachzubilden und folglich auch positive Margen damit zu erzielen. Die folgenden Tabellen enthalten einen Überblick auf Basis der Hinweise der BNetzA sowie bisheriger Entscheidungen, um eine schematische Darstellung der Vorgehensweise der BNetzA bei PKS-Tests zu geben, die wir im weiteren Verlauf der Studie erweitern bzw. modifizieren werden.

In Tabelle 2 wird die Erhebung der für einen PKS-Test relevanten Kosten eines effizienten Wettbewerbers dargestellt. Im Rahmen dieser Tests wird somit nicht exakt auf die Wettbewerber eines etablierten Anbieters und ihre spezifische Kostensituation abgestellt, sondern ein hypothetischer, effizienter Wettbewerber herangezogen. Die relevante Fragestellung ist somit: Kann ein effizienter Wettbewerber auf Basis der Vorleistungsprodukte sowie der entsprechenden regulierten Entgelte ein Angebot des Zugangsgebers ausreichend profitabel nachbilden? Dabei ist natürlich zu beachten, dass die Beurteilung einer PKS keineswegs unter Außerachtlassen der realen Wettbewerbsbedingungen der Wettbewerber erfolgen kann. Im

Falle, dass die Mehrheit der Wettbewerber im Markt unter den gegebenen Bedingungen auskömmliche Margen erzielen kann, liegt zweifellos keine PKS vor. Sollte die Mehrheit der Wettbewerber unter gegebenen Bedingungen keine positiven Margen erzielen könne, so wäre es in jedem Fall fehlerhaft, dies darauf zurückzuführen, dass diese nicht effizient seien.

Somit bleibt festzuhalten, dass der „effiziente Wettbewerber" kein konkretes Unternehmen im Markt ist, aber diese Form der Betrachtung auch keineswegs völlig losgelöst von den am Markt tätigen Wettbewerbern des etablierten Anbieters erfolgen darf.

Tabelle 2: Schema Kostenrechnung eines effizienten Unternehmens

Kosten	Einzelpositionen
Kosten für Vorleistungen	Was muss hypothetisches Unternehmen für Vorleistungen des marktbeherrschenden Unternehmens zahlen?
Kosten für eigene Vorleistungsprodukte	Kosten für Vorleistungen anderer Bestandteile des Produktbündels, die selbst erbracht werden.
Zusatzkosten	Aufschlüsselung der Zusatzkosten
Gemeinkosten	Aufschlüsselung der Gemeinkosten
Degeneration von Zusatz- und Gemeinkosten durch Bündeleffekte	Bündelprodukte lösen Verbundvorteile aus und wirken deshalb kostensenkend.

Quelle: BNetzA, eigene Darstellung.

Tabelle 3: Schema Erlösrechnung

Erlösrechnung	Einzelpositionen
Durchschnittlicher Preis	Vom Endkunden zu zahlender Preis je Monat
– Monetäre Rabatte	Anfangsrabatte, einmalige Rabatte für Unterschrift, Bündelrabatte etc.
– Nicht-monetäre Rabatte	Hardware Zugabe, Vertragsupgrades etc.
= effektiver Endpreis	Reale monatliche Erlöse

Quelle: BNetzA, eigene Darstellung.

Tabelle 3 zeigt eine schematische Erlösrechnung, wie sie einem PKS-Test zu Grunde liegt. Im Endeffekt werden abschließend Kosten und Erlöse gegenübergestellt und geprüft, ob unter den Bedingungen des PKS-Tests ein Überschuss verbleibt. Ist dies der Fall, liegt keine PKS vor; ein effizienter Wettbewerber des Infrastrukturanbieters kann das Endkundenprodukt des etablierten Anbieters nachbilden. Die von der BNetzA durchgeführte Form des Tests ist ein sogenannter „Adjusted Equally Efficient Operator-Test", der zunächst mit den Daten des Infrastrukturanbieters startet, aber gewisse Anpassungen erlaubt, um Unterschiede zu einem effizienten Wettbewerber abbilden zu können. Dies geschieht auch unter Zuhilfenahme eines BU-LRIC-Modells (Bottom-Up Long-run Incremental Cost).

Im Rahmen des jeweiligen Tests geht die BNetzA so vor, dass der Tarif bzw. die Tarifgruppe der DTAG als Basis zur Berechnung der Erlöse ausgewählt wird, in der das im entsprechenden Entgeltgenehmigungsverfahren behandelte Vorprodukt enthalten ist. In der Entscheidung BK3-17-0039 zu Layer-2-BSA geht es beispielsweise darum, ob ein effizienter Wettbewerber VDSL- und ADSL-Produkte auf Basis dieser Vorleistungen ausreichend profitabel anbieten kann. Im PKS-Test greift die BNetzA auf die Tarife/Tarifgruppen Magenta M und Magenta L der DTAG für VDSL zurück und führt den Test für ADSL separat auf Basis des Tarifs Magenta S durch. Die Gewichtung der Anteile zwischen den Tarifen M und L wird mit jeweils 50 % durchgeführt. Dazu führt die BNetzA lediglich aus, dass dies nach Auskunft der DTAG geschehen sei, was leider nicht transparent ist.

Zudem fällt auf, dass sehr lange Laufzeiten von bis zu über 60 Monaten in den Entscheidungen der BNetzA gewählt werden und Rabatte lediglich zu Beginn der Laufzeit eingepreist werden. Danach geht man von einem normalen Weiterlaufen der Verträge mit konstantem Entgelt ein. Dies wird im folgenden Kapitel 5 vertieft diskutiert. Darüber hinaus fällt auf, dass kaum auf unterschiedliche Kundengruppen eingegangen wird, die aber im realen Marktgeschehen eine wichtige Rolle spielen. Im Wesentlichen wird nur zwischen Neukunden und Bestandskunden unterschieden, in wenigen Fällen kommen junge Kunden als eigene Gruppe hinzu. Im Gegensatz dazu weist die BNetzA in ihren Hinweisen zu sachlich ungerechtfertigter Bündelung ausdrücklich darauf hin, dass bei Bündelprodukten „Annahmen über zugrundeliegende Nutzungsprofile erforderlich sind“ (BNetzA, 2005: 22). Das unterschiedliche Verbraucherverhalten verschiedener Kundengruppen und das damit verbundene verschiedene Anbieterverhalten bezüglich dieser Gruppen ist somit lange bekannt.

Grundsätzlich werden Rabatte erfasst, aber dies geschieht nicht vollständig. Dabei geht es, wie im vorherigen Abschnitt bereits ausgeführt, um Rabatte zum Halten von Bestandskunden, aber auch um unterschiedliche Rabatte auf Basis verschiedener Vertriebskanäle. Die BNetzA berücksichtigt inzwischen Rabatte beim Vertrieb durch Online-Plattformen, aber damit werden die verschiedenen Rabattmöglichkeiten nicht vollständig erfasst, wie wir ebenfalls im Kapitel 5 ausführen.

Die explizite Berücksichtigung von Produktbündeln findet sich in den Entscheidungen der BNetzA bislang nicht in ausreichender Form. Die BNetzA führt in ihren Hinweisen zu PKS-Tests aus, dass die günstigsten Preise auf Telekommunikationsmärkten oftmals als Bestandteile von Bündeln zu finden sind. Somit hat die BNetzA die Bedeutung von Produktbündeln für Telekommunikationsmärkte durchaus erkannt. Sie weist darauf hin, dass es dem effizienten Wettbewerber möglich sein muss, Produktbündel aus regulierten bzw. unregulierten Leistungen nachzubilden und zu vergleichbaren Konditionen anzubieten. In Bezug auf den Tatbestand der sachlich ungerechtfertigten Bündelung wird ebenfalls auf den effizienten Wettbewerber Bezug genommen.

Die BNetzA stellt fest, dass Produktbündel regelmäßig Kosten für nicht regulierte Produkte enthalten, über die sie keine Informationen besitzt, weshalb sie auch auf Informationen der Wettbewerber in diesem Zusammenhang angewiesen ist. Auch auf Bestandteile, die im Kern keine Telekommunikationsdienstleistungen darstellen, wie zum Beispiel Fernsehprogramme im Rahmen von Triple Play, werden in der Diskussion von Produktbündeln und Bündeltarifen aufgegriffen. Damit hat die BNetzA prinzipiell die Bedeutung von Rabatten in Form kostenloser Zugaben wie beispielsweise Sportprogrammen erkannt.

Zusammenfassend stellt die BNetzA fest, dass ein effizienter Wettbewerber in der Lage sein muss, das Produktbündel anbieten zu können und dabei profitabel zu bleiben. Eng damit verbunden ist die Anerkennung der Verbrauchersicht durch die BNetzA, dass aus Kundensicht der Preis des Produktbündels relevant ist und nicht der Preis einzelner Tarife.

An dieser Stelle ist ein zusätzlicher Verweis auf die heutige Regulierung der Layer-2 und Layer-3 Bitstreampreise angebracht. Wie bereits in Abschnitt 3.1 dargestellt, handelt es sich bei PKS um einen Spezialfall von Verdrängungspreisen, bei denen das vertikal integrierte Unternehmen im Gegensatz zu klassischen Verdrängungspreisen nicht zwangsläufig Verluste hinnehmen muss. Vielmehr kann es die Vorleistungen mit einem signifikanten Deckungsbeitrag an seine Wettbewerber verkaufen. Diese Gewinnspanne kann es sodann nutzen, um Wettbewerber auf dem Retail-Mark zu attackieren, ohne seine eigenen Gesamtkosten (inkl. der Vorleistung) unterschreiten zu müssen. Die angesprochenen Layer-2 und Layer-3 Bitstreampreise werden jedoch von der BNetzA derzeit über die Formel „Kosten der effizienten Leistungsbereitstellung (KeL) plus 15 % Missbrauchsaufschlag“ kalkuliert.[11] Mit Blick auf die dargestellte ökonomische Theorie wirft diese Praxis zumindest Bedenken auf, dass eine PKS zumindest begünstigt werden kann.

Im folgenden Kapitel 5 gehen wir auf verschiedene Probleme der skizzierten Vorgehensweise der BNetzA hinsichtlich der Durchführung von PKS-Tests ein, die zeigen, dass das tatsächliche Marktgeschehen nicht immer von dieser Vorgehensweise erfasst wird.

---

11 Siehe hierzu auch Beschluss der BNetzA BK3-17-039.

5. Ökonomische Bewertung der Regulierungspraxis

In diesem Kapitel befassen wir uns mit der Frage, inwieweit die Berechnungsmethodik für PKS-Tests der BNetzA dazu geeignet ist, mögliche PKS im Markt vor dem Hintergrund neuerer Entwicklungen auf den Telekommunikationsmärkten aufzudecken. Mit anderen Worten geht es darum, ob das tatsächliche Wettbewerbsverhalten der Marktteilnehmer realitätsgetreu innerhalb des Tests abgebildet werden kann. Die folgende Tabelle gibt einen Überblick über die zu behandelnden Aspekte, um unsere Diskussion vorab zu systematisieren.

Tabelle 4: Notwendige Aspekte einer adäquaten PKS-Test-Ausgestaltung

Realgetreue Abbildung des Marktgeschehens	**Prüfkriterium**
Gleiche Wettbewerbsbedingungen für Infrastrukturanbieter und Wettbewerber	Werden die Kosten eines effizienten Wettbewerbers, der Vorleistungen nutzt, realgetreu abgebildet?
Auswirkungen des Preissetzungsverhaltens des etablierten Anbieters auf die Wettbewerber	Wie wirken sich Preisangebote des etablierten Anbieters, die die Wettbewerber nicht isoliert nachbilden können, auf deren Wettbewerbsposition aus?
Spezielle Aspekte des Marktverhaltens des Infrastrukturanbieters bzw. des Verbraucherverhaltens	– Was ist die gewinnbare Kundenbasis? – Werden Rabatte und Verkaufsförderungsaktionen hinsichtlich: Höhe, Laufzeit (Vertragslaufzeit, Maßnahmen zum Halten von Kunden) und Effekte in einzelnen Kundengruppen (z. B. Young-Tarife) hinreichend berücksichtigt? – Besondere Betrachtung des Konvergenzshare und damit verbundene Bündel/-Rabatte
Besondere Aspekte der Testdurchführung	Durchführung von PKS-Tests über Portfolio versus Bündel/einzelne Tarife

Quelle: DICE Consult.

Im Folgenden werden wesentliche Probleme bei der Durchführung von PKS-Test durch die BNetzA auf Grundlage der in der obigen Tabelle dargestellten Aspekte sowie der dynamischen Entwicklung von Telekommunikationsmärkten diskutiert.

Realitätsnahe Darstellung des Marktes sowie Auswirkungen auf Wettbewerber

Zunächst soll sichergestellt werden, dass gleiche Wettbewerbsbedingungen für den Infrastrukturanbieter sowie den effizienten Wettbewerber im Markt herrschen. So kann der Wettbewerb seine positiven Wirkungen entfalten und den Konsumenten hochwertige Telekommunikationsdienstleistungen zu günstigen Preisen zur Verfügung stellen. Damit dies innerhalb eines PKS-Tests sichergestellt werden kann, muss die Gegenüberstellung von Erlösen und Kosten das tatsächliche Marktgeschehen möglichst realitätsgetreu darstellen. Ist dies nicht der Fall, kann das Wettbewerbsverhalten des etablierten Anbieters (z.B. im Rahmen der Preissetzung) Auswirkungen auf die Wettbewerber haben, die im Rahmen des PKS-Tests aus unterschiedlichen Gründen nicht erfasst werden. Beispielsweise können bestimmte Angebote für Endkunden des etablierten Anbieters nicht profitabel nachgebildet werden, was zwangsläufig zu unerwünschten Marktanteilsverschiebungen zugunsten des Infrastrukturanbieters führen würde.

Kosten der Wettbewerber

Die Retail-Kosten eines vertikal integrierten Anbieters mit beträchtlicher Marktmacht können unterschiedlich von den Retail-Kosten der Wettbewerber sein, insbesondere wenn der vertikal integrierte Anbieter Vorteile „geerbt“ hat wie einen bestehenden Kundenstamm inklusive „träger“, nicht wechselwilliger Kunden und einen bekannten Markennamen. Die Ermittlung solcher Kostenunterschiede ist in der regulatorischen Praxis jedoch nicht immer einfach.

Eine Möglichkeit zur Feststellung solcher Kostennachteile könnte darin bestehen, Wettbewerber direkt nach solchen Kostennachteilen und etwaigen Begründungen für die Persistenz solcher Kostennachteile zu befragen. Wichtig ist jedoch, dass nicht jeder Kostennachteil auch in PKS-Tests Berücksichtigung finden sollte, da laut § 28 Abs. 2 Nr. 2 TKG – aus ökonomischer Perspektive zurecht – auf effiziente Wettbewerber abgestellt wird. Zu eruieren wäre somit, ob gewisse Kostennachteile bei *sämtlichen* oder nahezu sämtlichen Wettbewerbern bestehen und aus welchen Gründen diese Nachteile selbst durch effiziente Anbieter nicht abgebaut werden können.

Gewinnbare Kunden

Bevor ein PKS-Test durchgeführt werden kann, ist zunächst das Wettbewerbsumfeld exakt zu analysieren. Zunächst stellt sich die Frage, welcher Anteil der Kunden im Wettbewerb für die Konkurrenten des Anbieters mit beträchtlicher Marktmacht überhaupt gewinnbar ist. Es ist davon auszugehen, dass insbesondere die DTAG einen erheblichen Kundenstamm besitzt, der seit sehr langer Zeit in seinen Tarifen verbleibt, keine Nachverhandlungen anstrebt und somit auch nicht den Anbieter wechseln wird. Solche Kunden sind de facto für die Wettbewerber nicht gewinnbar. Somit wäre es nicht sachgerecht, diese in die Analyse einzubeziehen. Eine Bereinigung der Datenbasis um diese nicht gewinnbare Kundengruppe wäre somit ein erster wichtiger Schritt, um PKS-Tests näher an die tatsächlichen Wettbewerbsbedingungen des Marktes zu bringen.

Eine solche Vorgehensweise spiegelt auch die Erkenntnisse der ökonomischen Theorie wider. Wie Rasmusen (1987) sowie Segal und Winston (2001) gezeigt haben, kann es in einigen Märkten ausreichen, nur dem wechselwilligsten Teil der Kundschaft Sonderkonditionen (etwa durch Rabatte) einzuräumen, um einen Markt zu verschließen. Dies gelingt dann, wenn Wettbewerber so Probleme haben, eine notwendige Kostendegression zu erzielen, um die mindestoptimale Größe zu erreichen. Selbst wenn über alle Kundengruppen (wechselwillige und nicht wechselwillige) dann keine PKS vorliegt, kann eine PKS, die gezielt wechselwillige Kunden erfasst, den Markt wirksam verschließen.

Die Logik sei an folgendem einfachen, konstruierten Zahlenbeispiel illustriert. Es sei unterstellt, ein etablierter Anbieter kann 100 Kunden ein Produkt zu Kosten von 4 pro Kunde bereitstellen. Ein neuer Anbieter kann 40 der Kunden zu Kosten von 3,5 pro Kunde versorgen. 60 Kunden sind jedoch träge im Verhalten und nicht wechselbereit. Der bisherige Preis sei 5 pro Kunde. Bietet der etablierte Anbieter den 40 wechselbereiten Kunden nun einen (offenen oder versteckten) Rabatt von 1,6 kann der neue Anbieter im Markt nicht Fuß fassen, da die 40 Kunden beim etablierten Anbieter nun einen Nettopreis von 5-1,6=3,4 < 3,5 zahlen. Gleichwohl wird eine Preis-Kosten-Schere nicht entdeckt, wenn diese über alle 100 Kunden durchgeführt wird, da der etablierte Anbieter über die 100 Kunden einen Durchschnittserlös von 4,36 erzielt, der sogar deutlich über den relevanten Kosten liegt. Gleichwohl liegt faktisch bei den 40 wechselwilligen Kunden mit dem Rabatt ein Unter-Kosten-Preis vor.

Neben dem schon angesprochenen Alter sind weitere Faktoren bekannt, die die Loyalität der Kunden zu einem Anbieter treiben. Hierzu zählen auch die Anzahl der Produkte, die ein Kunde beim Anbieter hat (konvergente Kunden) und auch ein qualitativer Lock-in mittels kostenloser Zusatzleistungen wie Pay-TV-Zugaben oder Games-Portale zählen hierzu. Für eine pragmatische Operationalisierung des Konzeptes der gewinnbaren Kunden schlagen wir daher vor, dass alle Kunden, die bereits zwei Vertragsperioden ohne Tarifanpassungen mitgemacht haben, als nicht gewinnbar eingestuft werden. Wer also seinen Vertrag nach zwei vollen Vertragsperioden jeweils ohne Tarifanpassung hat weiterlaufenlassen, sollte als nicht gewinnbarer Kunde eingestuft werden.

Laufzeiten

Ein weiteres Problem ist die Berücksichtigung der Vertragslaufzeiten in PKS-Tests. Laufzeiten müssen empirisch stärker unterlegt werden, insbesondere vor dem Hintergrund der angenommenen Preise. Die Rabattierung wird in den ersten sechs Monaten der von der BNetzA angenommenen Laufzeit berücksichtigt, anschließend wird für die restliche Laufzeit von konstanten Preisen ausgegangen. Dies erscheint aufgrund des üblichen Konsumentenverhaltens nicht angemessen. Es ist davon auszugehen, dass zumindest ein Teil der Konsumenten nach dem Ende der Vertragslaufzeit von i.d.R. 24 Monaten entweder kündigt oder nachverhandelt, weil die Preise ansonsten im Vergleich zum aktuellen Marktpreis zu hoch wären.[12] Somit dürften sich die Preise in wesentlich häufigeren Intervallen ändern als dies bei einer Laufzeit von über 60 Monaten mit konstanten Preisen der Fall wäre.

Die Argumentation der BNetzA in ihrer Entgeltentscheidung BK3c-19-001 TAL, mit der sie die Forderung nach kürzeren Laufzeiten in den PKS-Tests ablehnt, ist zwar grundsätzlich nachvollziehbar, aber der Kern der Kritik trifft dennoch zu. In den Anhörungen wurden Kürzungen auf bis zu 24 Monate angeregt. Die Grundidee einer 24-monatigen Laufzeit ist weniger am Verbleib der Kunden bei ihrem Anbieter zu sehen, sondern in den Intervallen der Preiswechsel. Telekommunikationsmärkte sind diejenigen Netzindustrien mit der längsten Liberalisierungshistorie. Gleichzeitig hatten somit die Konsumenten Zeit, sich auf die Wettbewerbs- und Marktverhältnisse einzustellen. Ausgeprägte Wechselträgheit sehr großer Kundengruppen, wie sie zum Beispiel in Energiemärkten zu finden sind, kennzeichnen Telekommunikationsmärkte nicht. Über Preisportale und andere Verbraucherinformationsmöglichkeiten beobachten Konsumenten die Preisentwicklung sehr wohl und sind sich der Laufzeiten ihrer Verträge bewusst. Das Argument der DTAG, dass bei Weiternut-

---

12 An dieser Stelle ist anzumerken, dass es in der Politik vermehrt Bestrebungen und auch bereits einen Gesetzesentwurf gibt, der darauf abzielt, Vertragslaufzeiten in Zukunft auf maximal 12 Monate zu begrenzen. Siehe hierzu auch: https://www.handelsblatt.com/politik/deutschland/kostenfallen-groko-streitet-ueber-laufzeiten-fuer-handyvertraege/25590328.html?ticket=ST-2159938. Abgerufen am 23. September 2020.

zung eines bestehenden Vertrages dem Konsumenten keine weiteren Vorteile gewährt werden, wäre empirisch zu validieren. Zumindest in Teilen scheinen wechselbereiten Kunden bessere Konditionen angeboten zu werden, um diese von einer Kündigung abzuhalten.[13]

Natürlich wird es eine bestimmte Anzahl von Kunden geben, die in ihrem bisherigen Vertrag verbleiben. Dies aber zum Regelfall zu machen, erscheint nicht angemessen. Insgesamt würde dies zu einer Überschätzung der Erlöse führen und somit fälschlicherweise von der Abwesenheit einer PKS ausgehen, obwohl eine solche unter den tatsächlichen Marktbedingungen durchaus vorliegen könnte.

Höhe und Formen von Rabatten

Im Zuge der Analyse von Laufzeiten wurde bereits am Rande auf das Thema Rabatte eingegangen. Marktstudien zeigen, dass die Rabattgewährung sich zwischen den unterschiedlichen Vertriebskanälen stark unterscheidet. Abbildung 4 zeigt, dass auf den Standardtarif der DTAG für den Magenta-Zuhause M Tarif eine Vielzahl von Rabatten gewährt wird. Zunächst einmal gewährt die DTAG einen Rabatt von 19,50 Euro in den ersten sechs Monaten. Mindestens im Online-Shop werden zudem weitere 100 Euro Online-Rabatt gewährt. Derselbe Tarif ist zudem über eRetailer wie Check24 und verivox nochmals deutlich günstiger. Diese gewähren zusätzlich einen erheblichen ChashBack-Rabatt. An dieser Stelle wird von dem Rabatt für die Miete eines Routers abstrahiert (Einmalzahlung in Höhe von 80 Euro), da dieser im Gegenzug auch für weitere Umsätze der DTAG verantwortlich ist.[14]

---

13 Dies zeigt sich allein schon anhand der verhängten Bußgelder der BNetzA für unerlaubte Telefonwerbung. Ein Beispiel ist abrufbar unter: https://www.bundesnetzagentur.de/SharedDocs/Pressemitteilungen/DE/2019/20190702_Vodafone_UnerlaubteTelefonwerbung.html?nn=269128. Abgerufen am 1. Oktober 2020.

14 Der Rabatt in Höhe von 80 Euro entspricht ca. der Summe der Mietraten für den Router für ein Jahr. Die Raten fallen allerdings für die gesamte Vertragslaufzeit an. An dieser Stelle wird daher auf eine gesonderte Betrachtung der Umsätze und Rabatte durch die Miete des Routers verzichtet. In Abschnitt 6.2 findet eine detailliertere Betrachtung statt. Die Daten stammen von der Homepage der DTAG und den Vergleichsportalen Check24 und Verivox. Abgerufen am 25. September 2020.

Abbildung 4: Rabatte der DTAG in Abhängigkeit des Vertriebskanals

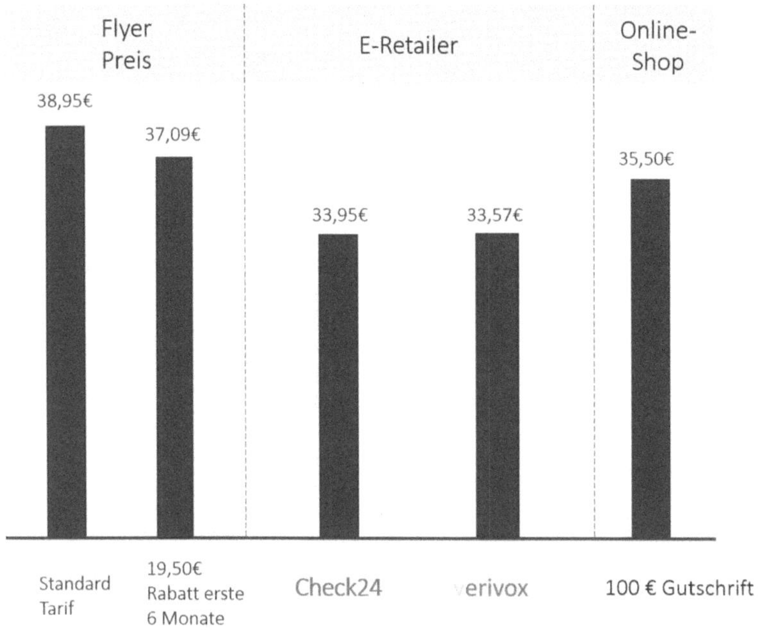

Quelle: Homepage der DTAG, Check24.de, Verivox.de, abgerufen am 24. September 2020. Eigene Darstellung.

Preise ergeben sich als Bruttopreise.

Betrachtet man nun Abbildung 5, so ist zu sehen, dass die DTAG offenbar auch im stationären Shop erhebliche Rabatte von bis zu 220 Euro gewährt. Diese Daten zu den Rabatten im stationären Shop stammen aus einer Mystery-Shopping Analyse von Telefonica aus dem Dezember 2018.

Abbildung 5: Rabatte der DTAG in Abhängigkeit des Vertriebskanals

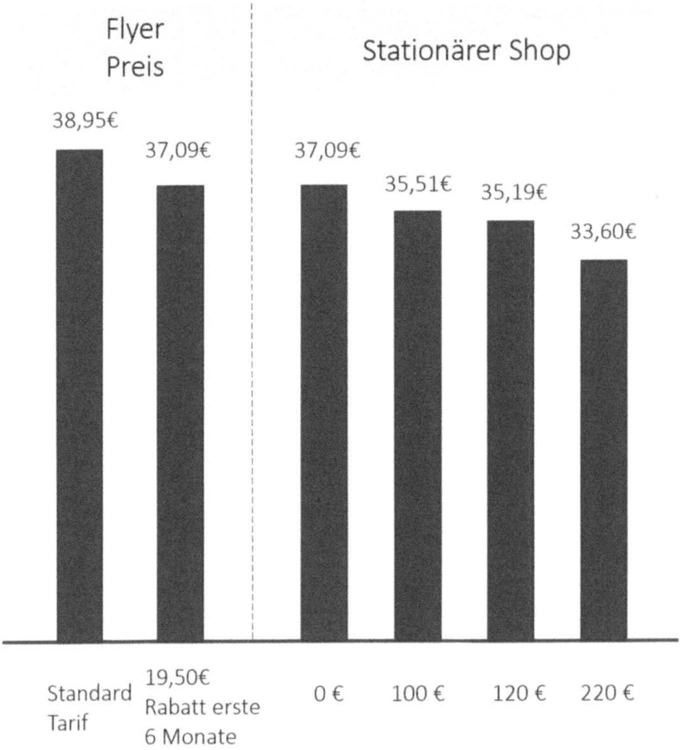

Quelle: Homepage der DTAG, abgerufen am 25. September 2020. Rabatte im stationären Shop ermittelt durch Telefonica im Dezember 2018. Preise ergeben sich als Bruttopreise.

Die obigen Abbildungen zeigen, dass zwischen den unterschiedlichen Vertriebskanälen die Rabatte und somit die Preise deutlich variieren, was in seiner gesamten Komplexität bislang nicht in die PKS-Tests der BNetzA aufgenommen worden ist.

Die Bedeutung von Onlineplattformen sowie ihre Besonderheiten wurden von der BNetzA in den neuesten Prüfungen von PKS aufgenommen. Hier ist der BNetzA hinsichtlich der Berücksichtigung von Plattformen und den dort stark ausgeprägten Rabatten zuzustimmen. Es ist jedoch zugleich darauf hinzuweisen, dass auch im stationären Vertrieb von Telekommunikationsprodukten mit signifikanter Rabattierung zu rechnen ist, wie die obige Abbildung zeigt. Diese sollte stärker in die Analyse von PKS aufgenommen werden, da ansonsten eine weitere Quelle zur Überschätzung der Erlöse und damit einer Unterschätzung der Gefahr von PKS fehlen würde. In diesem Kontext ist auch darauf zu achten, dass „kostenlose" Zugaben bei der Preisberechnung berücksichtigt werden. Sowohl in Großbritannien als auch in Deutschland wurden beispielsweise Tarife eingeführt, bei denen Kunden für eine bestimmte Zeit kostenlose TV-Sportpakete zu ihrem sonstigen Tarifpaket bekamen. Eine Recherche verschiedener Tarife der DTAG auf der Vergleichsplattform Check24 zeigt, dass verschiedenste, auf den ersten Blick nicht monetäre, Zugaben inzwischen üblich zu sein scheinen. Am Beispiel MagentaZuhause M zeigt sich, dass zurzeit insbesondere Pay-TV Angebote für eine gewisse Zeit kostenlos hinzugegeben werden. Auch stellt die 80 Euro Gutschrift der DTAG eine direkte Subvention des Routers dar, die nur gewährt wird, sollte auch ein Telekom Router für monatlich 6 Euro gemietet werden. Die folgende Abbildung gibt einen Überblick über die derzeitigen Rabatte bei Vertragsabschluss über die Homepage der DTAG und Check24.de. So wird zurzeit Disney+ für 6 Monate gratis hinzugegeben im Wert von 5 Euro je Monat. Hinzu kommt ein Gratismonat MagentaTV App Plus, die ansonsten für 7,95 Euro je Monat angeboten wird, und zudem drei Gratismonate Sportpaket im Gesamtwert von 29,85 Euro. Der Gesamtwert der Zugaben summiert sich somit auf 67,80 Euro auf. Hinzu kommt nun noch die 80 Euro Gutschrift für den Router.

Abbildung 6: Nicht monetäre Zugaben der DTAG zum Breitbandbündel MagentaZuhause M

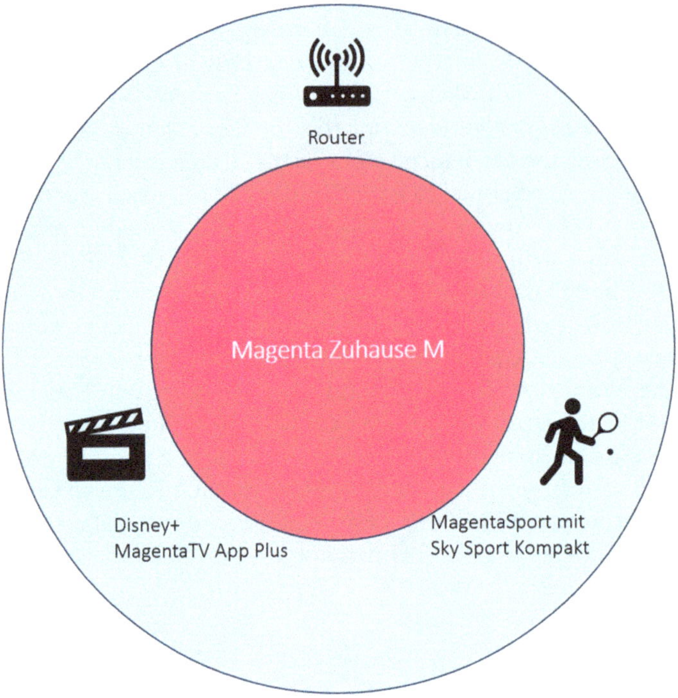

Quelle: Check24.de und Telekom.de.[15]

Eine interne Analyse von Telefonica aus dem ersten Quartal 2019 hat zudem gezeigt, dass zu diesem Zeitpunkt vielfach ein MediaReceiver hinzugegeben wurde. Die Analyse zeigt, dass sich die Summe dieser Zugaben schnell auf 120 Euro belaufen kann. Somit zeigt sich, dass diese Form der Sachzugabe ein wichtiger Faktor bei der Berechnung von PKS-Tests darstellt. Würde man diese aus der Analyse entfernen, wären die berechneten Nettoerlöse überschätzt bzw. die Kosten unterschätzt und der PKS-Test würde zu hohe Überschüsse anzeigen. Außerdem zeigt diese zusätzliche Beobachtung im Jahr 2019, dass nicht monetäre Zugaben keine kurzfristige Ausnahme im Sinne einer einmaligen Marketingkampagne darstellen. Vielmehr scheinen diese Zugaben inzwischen den Regelfall darzustellen.

15 Abgerufen am 22. September 2020.

Der Wert dieser Zusatzpakete wird in den Angeboten nicht immer direkt monetär ausgewiesen. Allein die Tatsache, dass solche Dienste auch separat am Markt angeboten werden, zeigt jedoch, dass bei den Verbrauchern eine Zahlungsbereitschaft für diese Dienste besteht. Somit ist es Telekommunikationskunden auch klar, dass diese Form der Zugabe tatsächlich eine Art Rabatt ist, der lediglich in anderer Form dargeboten wird.

Infolgedessen ist bei der Ermittlung der Erlöse eine detaillierte Analyse von Rabatten notwendig. Dies muss sowohl hinsichtlich der Variation bezüglich unterschiedlicher Vertriebsformate geschehen als auch vor dem Hintergrund von Gratiszugaben zu den Tarifpaketen, welche im Kern nichts Anderes als Rabatte darstellen.

Kundengruppen

Die Bildung gewichteter Durchschnitte über Tarife stellt eine weitere Herausforderung für Regulierungsbehörden bei der Durchführung von PKS-Tests dar. Grundsätzlich sollte jeder Tarif einzeln geprüft werden. Sobald Tarife bzw. Kundengruppen im Rahmen von PKS-Tests aggregiert werden, sollte sichergestellt werden, dass es nicht zu verdeckten PKS kommt. Eine Aggregation von zwei oder mehr Produkten in einen PKS-Test erscheint insbesondere dann zulässig, wenn (a) ein Großteil der Kunden diese Produkte tatsächlich gemeinsam bezieht und (b) nicht Tarife für wechselwillige Kunden (die z.B. besondere Rabatte bekommen) und Tarife für nicht wechselwillige Kunden (ohne Rabatte) vermengt werden. Hier wäre ein separater Test der Tarife angezeigt. Die wettbewerbliche Freiheit ist keine Freiheit zu wettbewerbswidrigem Verhalten. Die Aggregation von Tarifen und/oder Kundengruppen darf somit nicht dazu führen, dass lediglich im Aggregat keine PKS zu erkennen ist, während in einigen Tarifen oder für bestimmte Kundengruppen durchaus PKS vorliegen, die bei einer zu aggregierten Betrachtung unentdeckt bleiben würden. Je nach Ausprägung bzw. Bedeutung bestimmter Tarife oder Kundengruppen könnte dies die Verwendbarkeit ganzer PKS-Tests zunichtemachen.

Die Aggregation über Kundengruppen ist insbesondere deshalb problematisch, weil unterschiedliche Gruppen im Portfolio der einzelnen Anbieter durchaus verschieden stark vertreten sind und somit mögliche PKS differenzierte Auswirkungen auf die verschiedenen Anbieter haben können. Wie bereits in Bezug auf nicht gewinnbare Bestandskunden ausgeführt, ist davon auszugehen, dass es deutliche Unterschiede hinsichtlich der Kunden der in Deutschland auf Telekommunikationsmärkten tätigen Anbietern gibt. Somit ist es schwer zu prognostizieren, welcher Anbieter in welcher Form durch das skizzierte Problem getroffen wird. Es ist zudem auch rational, dass Wettbewerber im Markt unterschiedliche Kundengruppen auf verschiedene Art und Weise ansprechen. Beispielsweise werden junge Kunden (oftmals Kunden unter 28 Jahren) verstärkt mit eigenen Angeboten angesprochen. Dieser Aspekt spielt auch in Entscheidungen der BNetzA eine Rolle. In der Entscheidung BK3-17-0039 zu L2-BSA wurde in Bezug auf den „Young-Tarif" der DTAG ausgeführt, dass die davon betroffene Kundengruppe lediglich sehr klein sei, was durchaus überraschend ist. In der Entscheidung BK3c-18-013 wird der „Young-Tarif" hingegen berücksichtigt. Die folgenden Ausführungen belegen, dass die Gruppe der jungen Kunden für die DTAG durchaus bedeutend erscheint.

Wie schon ein Blick auf die Homepage der Telekom zeigt, werden sämtliche MagentaZuhause Tarife (S, M, L und XL) auch als spezieller Young Tarif angeboten.[16] Auch die Kombination mit MagentaTV und auch das konvergente Produkt MagentaEins sind jeweils in einem speziellen Young Tarif verfügbar. Allein dies zeigt, dass die junge Kundengruppe eine besondere Stellung im Marketing der DTAG einnimmt. Das Ziel rabattierter Tarife für junge Leute ist es zumeist, diese bereits früh an das Unternehmen zu binden und in späteren Jahren die gestiegene Zahlungsbereitschaft auf Grund des Einstiegs in die Arbeitswelt oder generell gestiegener Löhne abzuschöpfen (vgl. Motta, 2009, S. 491 ff).[17]

Diese Bedeutung zeigt sich an der Preispolitik der DTAG für junge Kunden unter 28 Jahren, wie sie in den folgenden Tabellen dargestellt ist. Tabelle 5 zeigt, dass junge Leute gemessen am durchschnittlichen monatlichen Nettopreis ca. 12 % gegenüber dem Normaltarif sparen. Die tabellarische Aufstellung abstrahiert dabei von weiteren Einflussfaktoren wie Anschlussgebühren, der Routermiete und entsprechenden Gutschriften für eine Routermiete, sowie weiteren Faktoren. Die Aufstellung dient daher weniger dazu, die finalen Kosten eines Tarifes darzustellen, sondern vielmehr aufzuzeigen, dass die DTAG ein besonderes Augenmerk auf die Young-Tarife legt. Diese sollten daher bei der Betrachtung der Marktsituation in einem PKS-Test dringlichst berücksichtigt werden. Als beste Lösung erscheint es, für diese separaten Tarife auch einen separaten PKS-Test durchzuführen. Alternativ könnten verschiedene Annahmen über den An-

16 Siehe Homepage der DTAG: https://www.telekom.de/festnetz/tarife-und-optionen/internet-dsl. Abgerufen am 25. September 2020.

17 Hierbei handelt es sich um eine sogenannte Preisdiskriminierung dritten Grades. Hierbei wird unterschiedlichen Kundengruppen ein individueller Preis angeboten. Hierzu zählen z.B. Senioren- und Studentenrabatte, aber auch eine geografische Diskriminierung, bei der Kunden in tendenziell wohlhabenderen Gebieten mehr zahlen als Kunden in tendenziell ärmeren Regionen.

teil dieser Kunden bei verschiedenen Anbietern getroffen werden, um so zu überprüfen, ob eine PKS vorliegt. Letztere Option erscheint jedoch aufwändiger und zugleich weniger zielführend als ein separater Test.

Da gerade junge Kunden aufgrund von finanziellen Restriktionen typischerweise preissensibel sind und zudem ab einem gewissen Alter aus dem Young-Tarif ausscheiden, ist gerade für diese Kundengruppe eine deutlich kürzere durchschnittliche Vertragslaufzeit zu unterstellen als die von der BNetzA angenommenen 63 Monate. Tabelle 6 zeigt, dass die Preisunterschiede auch bei einer Betrachtung über lediglich 24 Monate konstant bei knapp über 12 % verbleiben.

Tabelle 7 und Tabelle 8 zeigen zudem, dass die Young-Tarife auch über eRetailer, in diesem Fall Check24, zu lukrativen Preisen angeboten werden. Gerade für jüngere Kundengruppen ist anzunehmen, dass ein vergleichsweise großer Anteil der Kunden seine Verträge über Vergleichsportale im Internet abschließt.

Tabelle 5: Ersparnis im Young Tarif über Telekom Homepage – 63 Monate Kundenverweildauer

Erlöse MagentaZuhause M Normal und Young

Bandbreite	Anfangsrabatt (Monate / rabattierter Preis)		Normalpreis (Ø Restmonate / Preis)		Preis Ø brutto	Preis Ø netto
50 (M)	6	19,45 € 19,45 €	57	38,95 34,06	37,09 € 32,67 €	31,98 € 28,16 €

Zusätzliche Rabatte

Art	Wert	anteilig Monat	Ø Rabatt netto
Online Rabatt (excl. eRetail)	-100,00 € -100,00 €	-1,59 € -1,59 €	-1,37 € -1,37 €
Effektiver Preis			**30,61 €** **26,79 €**
Ersparnis			**12,48 %**

Quelle: DICE Consult auf Basis von Angabe der DTAG auf ihrer Homepage. Abgerufen am 25. September 2020.

Anhand von Tabelle 5 ist zu sehen, dass Kunden über die Homepage der DTAG in beiden Tarifen (normal und Young) ein Anfangsrabatt für die ersten sechs Monate gewährt wird. Zudem gewährt die DTAG einen Online-Rabatt von 100 Euro. Wie bereits dargestellt, wird an dieser Stelle von weiteren Tarifbestandteilen abstrahiert. Abschnitt 6.2 gibt im Folgenden eine detaillierte Aufschlüsselung.

Tabelle 6: Ersparnis im Young Tarif über Telekom Homepage – 24 Monate Kundenverweildauer

Erlöse MagentaZuhause M Normal und Young

Bandbreite	Anfangsrabatt (Monate / rabattierter Preis)		Normalpreis (Ø Restmonate / Preis)		Preis Ø brutto	Preis Ø netto
50 (M)	6	19,45 € 19,45 €	18	38,95 34,06	34,08 € 30,41 €	29,38 € 26,21 €

Zusätzliche Rabatte

Art	Wert	anteilig Monat	Ø Rabatt netto
Online Rabatt (excl. eRetail)	-100,00 € -100,00 €	-4,17 € -4,17 €	-3,59 € -3,59 €
Effektiver Preis			**25,78 €** **22,62 €**
Ersparnis			**12,26 %**

Quelle: DICE Consult auf Basis von Angabe der DTAG auf ihrer Homepage. Abgerufen am 25. September 2020.

Im Vergleich zu den Angeboten auf der eigenen Homepage bietet Check24 alles in allem deutlich günstigere Preise an. Dies liegt insbesondere am Online-Vorteil, der in etwa mit den 100 Euro Onlinebonus der DTAG korrespondiert und insbesondere am eRetail Cashback, der für den betrachteten Tarif momentan bei 180,00 Euro bis 160,00 Euro im Young-Tarif liegt. Der rabattierte Preis der ersten sechs Monate ergibt sich aus vier Monaten zu 19,45 Euro und zwei weiteren Monaten im nächsten Jahr zu je 19,95 Euro.

Tabelle 7: Ersparnis im Young Tarif über Check24 – 63 Monate Kundenverweildauer

Erlöse MagentaZuhause M Normal und Young

Bandbreite	Anfangsrabatt (Monate / rabattierter Preis)		Normalpreis (Ø Restmonate / Preis)		Preis Ø brutto	Preis Ø netto
50 (M)	6	19,67 € 19,67 €	57	39,95 € 34,95 €	38,00 € 33,47 €	32,76 € 28,86 €

Zusätzliche Rabatte

Art	Monate	Wert	anteilig Monat	Ø Rabatt brutto	Ø Rabatt netto
eRetail Cash-back		-180,00 € -160,00 €	-2,46 € -2,19 €	-2,46 € -2,19 €	-2,46 € -2,19 €
Online-Vorteil	24	-4,17 € -4,17 €	-4,17 € -4,17 €	-1,59 € -1,59 €	-1,37 € -1,37 €
Effektiver Preis					**28,93 €** **25,30 €**
Ersparnis					**12,55 %**

Quelle: DICE Consult auf Basis von Angeboten auf Check24.de. Abgerufen am 25. September 2020.

Tabelle 8: Ersparnis im Young Tarif über Check24 – 24 Monate Kundenverweildauer

Erlöse MagentaZuhause M Normal und Young

Bandbreite	Anfangsrabatt (Monate / rabattierter Preis)		Normalpreis (Ø Restmonate / Preis)		Preis Ø brutto	Preis Ø netto
50 (M)	6	19,67 € 19,67 €	18	39,95 € 34,95 €	34,83 € 31,08 €	30,02 € 26,79 €

Zusätzliche Rabatte

Art	Monate	Wert	anteilig Monat	Ø Rabatt brutto	Ø Rabatt netto
eRetail Cash-back		-180,00 € -160,00 €	-7,5 € -6,67 €	-7,5 € -6,67 €	-6,47 € -5,75 €
Online-Vorteil	24	-4,17 € -4,17 €	-4,17 € -4,17 €	-4,17 € -4,17 €	-3,59 € -3,59 €
Effektiver Preis					**19,96 €** **17,45 €**
Ersparnis					**12,58 %**

Quelle: DICE Consult auf Basis von Angeboten auf Check24.de. Abgerufen am 25. September 2020.

Wie die vorherigen Tabellen und Ausführungen zeigen, handelt es sich um eine Kundengruppe, die für das Unternehmen offensichtlich von großer Bedeutung ist und folglich auch im Rahmen einer PKS-Analyse vertiefte Betrachtung verdient, da möglicherweise durch die verstärkten Aktivitäten im Marktsegment der Young-Tarife PKS entstehen können. Auch hier ist mit einer Überschätzung der Erlöse und somit der Überschüsse im Rahmen eines PKS-Tests zu rechnen. Sachgerecht wäre daher getrennte PKS für verschiedene Tarife durchzuführen, sofern nicht gewichtige Gründe entgegenstehen. Eine gemeinsame Betrachtung ist, wie oben ausgeführt, vor allem dann sinnvoll, wenn dieselben Kunden unterschiedliche Produkte im Bündel gemeinsam kombinieren. Bei Tarifen, die sich dezidiert an unterschiedliche Kundengruppen wenden, ist dies jedoch automatisch ausgeschlossen. Wettbewerbsökonomisch könnte man auch von getrennten Retail-Märkten ausgehen, da eine Preisänderung im Young-Tarif natürlich keine Substitutionseffekte bei Kunden auslöst, die sich gar nicht für den Young-Tarif qualifizieren. Insofern wären getrennte PKS-Tests sachgerecht.

Bündel spielen in Telekommunikationsmärkten seit geraumer Zeit eine wichtige Rolle. Inzwischen sind solche Produktbündel eher die Regel als die Ausnahme, wie beispielsweise an Flatrate-Angeboten, Festnetz-Mobilfunk-Bündeln und zunehmend konvergenten Quadruple-Play-Angeboten deutlich wird. Dies erschwert die Durchführung von PKS-Tests und wurde, wie in den vorangegangenen Kapiteln thematisiert, bereits an verschiedener Stelle als Problem erkannt.

Aktuell spielt der sogenannte Konvergenzshare in diesem Zusammenhang eine besonders große Rolle. Darunter versteht man den Anteil der Kunden, die sowohl Festnetz als auch Mobilfunk von einem Anbieter, in der Regel in Form eines Bündeltarifs, beziehen. Diesen Kunden werden Sonderrabatte gewährt, weil vor dem Hintergrund von Größen- und Verbundvorteilen solche Kunden und Vertragsausgestaltungen für den jeweiligen Anbieter vorteilhaft sind. Dies sorgt beispielsweise für erhebliche Rabatte in Angeboten der DTAG und anderer Anbieter, um Neukunden mit derartigen Vertragsformen zu gewinnen. Generell ist festzustellen, dass mit Hilfe dieser Strategie Wechselkosten bei den Verbrauchern generiert werden. Es geht darum, die Schwelle zu einem Wechsel zu anderen Anbietern zu erhöhen. Selbstverständlich wäre der Kauf der einzelnen Komponenten, welche im Bündel enthalten sind, für den Verbraucher deutlich teurer, so dass ein gewisser Lock-in Effekt entsteht, der durch höhere Wechselkosten den jeweiligen Kunden von einem Anbieterwechsel abhält.

Anhand des Beispiels der Young-Tarife zeigt sich, dass Kern-Zielgruppen bei der Durchführung von PKS-Tests gesondert betrachtet werden sollten, da diese Zielgruppe wichtig für die Unternehmen ist und daher eine spezielle Behandlung erfährt. Aus Gründen der Praktikabilität ist es jedoch nicht sinnvoll jeden Tarif für jede einzelne Zielgruppe gesondert auf eine PKS zu prüfen. Vielmehr stellt sich die Frage danach, welche die besonders häufig nachgefragten Tarife und wettbewerbsrelevanten Zielgruppen sind. Diese sollten sodann einem eigenständigen PKS-Test unterzogen werden. In Abschnitt 6.1 zeigen wir auf, wie eine solche Eingrenzung stattfinden kann.

Festnetz-Mobilfunk-Bündel

Telekommunikationskunden beziehen oftmals sowohl Festnetz- als auch Mobilfunkdienstleistungen. In diesem Kontext liegt es nahe, dass Anbieter, sofern sie dazu in der Lage sind, Kunden auch beide Dienste anbieten und damit Verbundvorteile erzeugen. Der Anteil der Kunden, welche sowohl Festnetz- als auch Mobilfunkverträge von einem Anbieter bezieht, wird als Konvergenzshare bezeichnet. Unterschieden wird hierbei nach „hard" und „soft" konvergenten Kunden. Als soft-konvergent werden Kunden bezeichnet, die sowohl einen Breitband- als auch Mobilfunkvertrag bei einem Anbieter besitzen, ohne zu differenzieren, ob es sich hierbei um einen gebündelten Vertrag mit oder ohne Rabatte handelt oder im Zweifel lediglich um zwei einzelne Verträge. Hard-konvergent sind hingegen jene Kunden, die Festnetz- Mobilfunk über einen konvergenten Tarif beziehen.

Die Relevanz der konvergenten Kunden lässt sich anhand der im Jahresbericht der DTAG veröffentlichten Zahlen eindrucksvoll belegen. So haben Ende des Jahres 2019 bereits 4,7 Mio. Kunden der Deutschen Telekom (DTAG) ein konvergentes „MagentaEins" Produkt erworben (vgl. Deutsche Telekom, 2020). Im Vorjahr waren es noch 4,3 Mio. konvergente Kunden.[18] Gemessen an den eigenen Mobilfunk-Vertragskunden der DTAG nutzen nach eigenen Angaben inzwischen 50,7 % ein Bündelprodukt aus Mobilfunk und Festnetz.[19][20] Die gestiegene Bedeutung der Tarifbündelung lässt sich insbesondere daran erkennen, dass die DTAG das neue Bündelprodukt „MagentaEins" erst fünf Jahre zuvor im Herbst 2014

18 Siehe hierzu „Deutsche Telekom setzt Wachstumskurs im Rekordjahr 2018 fort und übertrifft Finanzziele". Verfügbar unter: https://www.telekom.com/de/medien/medieninformationen/detail/geschaeftszahlen-2018-563878. Abgerufen am 19. August 2020.

19 Ebenda.

20 Für das Jahr 2019 wird im Geschäftsbericht kein Anteil mehr genannt. Auf Grund des weiterhin starken Anstieges der Kundenanzahl mit „MagentaEins" Tarif ist jedoch zu erwarten, dass auch der Konvergenzanteil weiter gestiegen ist und nun deutlich über 50 % liegt.

eingeführt hat.[21] Es zeigt sich deutlich, dass das Geschäftsfeld der Bündel aus Festnetz und Mobilfunk wichtig ist, damit aber natürlich Preisvorteile für die entsprechenden Kunden verbunden sein müssen, um für diese attraktiv zu sein.

Als Hinweis sei hinzugefügt, dass der Konvergenzshare künftig vermutlich auf Grund des sog. QuadrupelPlay weiter steigen wird. Somit wird auch der Umfang der gewährten Bundel-Rabatte weiter zunehmen. Diese müssen im Rahmen eines PKS-Tests hinreichend berücksichtigt werden. Zudem ist zu vermuten, dass sich der Konvergenzshare zwischen den Anbietern unterscheiden wird. Sollte der Konvergenzshare bei der DTAG größer als beispielsweise bei O2 oder Vodafone sein, würde dies die Wahrscheinlichkeit von PKS in diesem Bereich tendenziell erhöhen, da die DTAG so einen Vorteil gegenüber ihren Wettbewerbern erzielen könnte. Auch dies sollte im Rahmen von PKS-Tests beachtet werden.

Die nachfolgende Tabelle verdeutlicht, dass der Konvergenzshare einen signifikanten Einfluss darauf hat, ob faktisch eine PKS besteht oder nicht. Die zusätzlich gewährten Rabatte führen dazu, dass der effektive Preis deutlich absinkt. In Bezug auf die Rabatte ergeben sich an dieser Stelle aber Änderungen in Vergleich zu den zuvor dargestellten Tabellen, da im Produktbündel weitere Vorteile enthalten sind, die es bei separaten Festnetzangeboten in dieser Form nicht gibt und die dementsprechend explizit aus der Bündelung mit dem Mobilfunkangebot resultieren. Dies sind der MagentaEins-Vorteil, das doppelte Datenvolumen im Mobilfunk sowie die Festnetz-zu-Mobilfunk-Flatrate. Natürlich können diese Rabatte nicht zu 100 % dem Festnetz zugerechnet werden, zumal auch keine Mobilfunkkosten im vorliegenden Beispiel berücksichtigt werden. Es ist aber zweifellos so, dass eine anteilige Berücksichtigung geboten ist, weil diese Rabatte zumindest teilweise nur durch die Bündelung entstehen. Wir gehen hier von einer hälftigen Aufteilung aus und berücksichtigen diese Rabatte mit jeweils 50 % in der vorliegenden Erlösberechnung.[22] Die Rabatte ergeben sich durch Betrachtung des konvergenten Tarifes MagentaEins. Bei Ab-

21 Siehe hierzu auch https://www.telekom.com/de/medien/details/-die-zukunft-ist-eins-die-neue-kommunikationskampagne-der-deutschen-telekom-350586. Abgerufen am 23. September 2020.

22 Ein Vergleich der durchschnittlichen Erlöse in Mobilfunk und Breitbandtarifen zeigt zudem, dass eine 50/50 Annahme vermutlich sogar zu Gunsten der DTAG ausfällt. Check24 hat im Jahr 2018 ermittelt, dass ein durchschnittlicher Handyvertrag in Deutschland 22,89 € gekostet hat. Dieser Wert liegt deutlich unterhalb der Kosten für einen Breitbandanschluss. Gemessen an den Erlösen ist die vorgenommene Aufteilung daher als konservativ anzusehen.

schluss dieses Vertrages wird den Kunden ein MagentaEins Vorteil in Höhe von 5,00 Euro gewährt. Zudem erhält er für seinen Mobilfunkvertrag doppeltes Datenvolumen[23] mit einem Gegenwert in Höhe von 9,70 Euro und eine Fest-zu-Mobil-Flatrate mit einem Gegenwert von 14,57 Euro.[24]

Tabelle 9: Stellschraube Konvergenz

Erlöse MagentaZuhause M

Bandbreite	Anfangsrabatt (Monate / rabattierter Preis)		Normalpreis (Ø Restmonate / Preis)		Preis Ø brutto	Preis Ø netto
50 (M)	6	19,45 €	57	38,95	37,09 €	31,98 €

Zusätzliche Rabatte

Art	Wert	anteilig Monat	Anteilige Allokation zu DSL	Ø Rabatt brutto	Ø Rabatt netto
Magenta1 Vorteil		-5,00 €	50 %	-2,50 €	-2,16 €
doppelte Daten mobil		-9,70 €	50 %	-4,85 €	-4,18 €
F2M Flatrate		-14,57 €	50 %	-7,29 €	-6,28 €
Effektiver Preis					**19,36 €**

Quelle: DICE Consult auf Basis von Angabe der DTAG auf ihrer Homepage. Abgerufen am 25. September 2020.

Gemessen am ursprünglichen Nettopreis von 31,98 Euro im Monat verbleiben allein nach Berücksichtigung der Konvergenzrabatte weniger als zwei Drittel dieses Preises. Der Nettopreis inkl. Rabatte beträgt 19,36 Euro.

Portfolio versus Bündel als Basis für PKS-Tests

Würden solche Bündelangebote, wie beispielsweise Festnetz/Mobilfunk-Bündel nicht in separater Form in PKS-Tests Berücksichtigung finden, könnten mögliche wettbewerbsschädliche Effekte durchaus im Aggregat untergehen, was den Nutzen solcher PKS-Tests in Frage stellt. In diesem Kontext stellt sich auch die Frage, an welcher Stelle die Rabattierung er-

23 Den Preis des doppelten Datenvolumens nehmen wir mit 9,70 Euro an. Bei Abschluss eines neuen Mobilfunkvertrags ist dies der Preisaufschlag, der für die höhere Tarifklasse mit doppelt so hohem Datenvolumen von der DTAG veranschlagt wird.

24 Siehe Homepage der DTAG: https://www.telekom.de. Abgerufen am 28. September 2020.

folgt: Geschieht dies in Bezug auf die Einzelkomponenten oder wird auf der Ebene des Bündels rabattiert? Dabei kommt es im Wesentlichen auf den Bündelpreis an, weil für Kunden dieser relevant ist. Es ist zum einen unüblich, dass jedes einzelne Element eines Bündels günstiger zu erhalten ist, und zum anderen ist der Kauf von Produktbündeln inzwischen so üblich geworden, dass sich die meisten Verbraucher wohl kaum auf die Suche nach den einzelnen Komponenten machen und das Bündel zum Zweck des Preisvergleichs selbst nachbilden würden.

Um dem möglichen Einwand zu entgegnen, dass PKS-Tests nicht auf bestimmte Wettbewerber im Markt, sondern auf einen hypothetischen, effizienten Wettbewerber ausgerichtet sind, muss betont werden, dass dies kein Freibrief sein darf, die korrekten Marktbedingungen nicht adäquat zu erfassen. Natürlich werden verschiedene Anbieter unterschiedliche Vertriebsstrategien implementieren und daraus resultieren verschiedene Kundenstrukturen. Anpassungen in dieser Richtung werden auch in der entsprechenden wissenschaftlichen Fachliteratur vorgeschlagen (vgl. Gaudin und Saavedra, 2014). Dies ist im Wettbewerb als „Entdeckungsverfahren" normal und gewollt. Es muss aber auch betont werden, dass dennoch im Fokus der Regulierungsbehörde stehen sollte, ob durch bestimmte Strukturen die Wettbewerber des etablierten Anbieters in besonderer Form getroffen werden, weil ihnen bestimmte Eigenschaften gemein sind, die sie von der DTAG unterscheiden.

In den folgenden Abschnitten entwickeln wir Vorschläge zur Modifikation von PKS-Tests, die dazu beitragen sollen, die skizzierten Probleme zu vermeiden bzw. zumindest zu begrenzen. Die Effekte der Modifikationen werden anschließend anhand ausgewählter, im Markt beobachtbarer, Beispiele berechnet, um zu zeigen, wie sich diese Modifikationen auf die Ergebnisse eines PKS-Tests auswirken.

6. Mögliche Umsetzung in der Praxis

Im Folgenden unterbreiten wir Vorschläge zur Modifikation des PKS-Tests, um bezüglich der in den vorherigen Abschnitten diskutierten Problemen Abhilfe zu leisten. Die Erarbeitung dieser Vorschläge geschieht vor dem Hintergrund einer pragmatischen Durchführung von PKS-Tests. Während es aus theoretischer Sicht sinnvoll erscheint, jeden einzelnen (Zielgruppen-)Tarif und jeden Rabatt der DTAG einem eigenen PKS-Test zu unterzeihen, besteht in der Praxis ggf. das Problem der Prioritätensetzung. Vor dem Hintergrund einer besseren Treffsicherheit der modifizierten Tests wird eine deutlich disaggregierte Betrachtung allerdings nicht vermeidbar sein. Im Folgenden wird daher ein praxisorientierter Vorschlag für zeitgemäße PKS-Tests entwickelt.

6.1 Entwicklung eines Prüfschemas

Im folgenden Abschnitt entwickeln wir einen modifizierten PKS-Test anhand eines Prüfschemas. Dabei gehen wir pragmatisch vor, um die Anpassungen auf das Notwendigste zu begrenzen. Das grundsätzlich richtige Verfahren des PKS-Tests kann im Rahmen der hier vorgeschlagenen Modifikationen beibehalten werden, aber es erfolgt eine Modifikation in drei Schritten zu Beginn des Verfahrens und vor dem Start des eigentlichen PKS-Tests bzw. der PKS-Tests, um die in diesem Gutachten skizzierten Probleme im Testverfahren berücksichtigen zu können. Die folgende Tabelle gibt einen Überblick über die vorgeschlagene Herangehensweise:

Tabelle 10: Schematische Übersicht eines Prüfschemas

Schritt 1: Frühzeitige Anhörung: Tarif- und Segmentvorschläge der Marktteilnehmer		
Schritt 2: Ermittlung der gewinnbaren Kunden		
Schritt 3: Laufzeitanalyse: Häufigkeit der Preisanpassungen		
Schritt 4: PKS-Test in aggregierter Form sowie für im Schritt 1 ermittelte Sachverhalte		
Erlösrechnung	**Einzelpositionen**	**Berücksichtigt?**
Durchschnittlicher Preis	Vom Endkunden zu zahlender Preis je Monat	Ja
– Monetäre Rabatte	Anfangsrabatte, einmalige Rabatte für Unterschrift etc.	Teilweise
– Nicht monetäre Rabatte	Hardware Zugabe, Vertragsupgrades, kostenlose Inhalte etc.	Teilweise
= Endpreis für das Bündel	Reale monatliche Erlöse	Teilweise

Quelle: DICE Consult.

Schritt 1: Tarif- und Segmentvorschläge der Marktteilnehmer
Um einschätzen zu können, welche Tarife bzw. Bündel mit einem aggregierten PKS-Test möglicherweise nicht sachgerecht analysiert werden können, sollte vor oder zu Beginn eines Entgeltverfahrens eine Anhörung der Marktteilnehmer stattfinden, in der diese zu dieser Problematik befragt werden und zu einer Beantwortung der Anfrage auch verpflichtet sind, um eine möglichst umfassende Markinformation von den Markteilnehmern zu erreichen. Die Teilnehmer an dieser Anhörung sollen mitteilen, welche Tarife bzw. Tarifbündel aus ihrer Sicht in Bezug auf PKS besonders gefährdet sind und warum diese aus ihrer Sicht nicht im Rahmen eines aggregierten Tests ausreichend berücksichtigt werden können.

Dabei kann es zu einer Vielzahl von Vorschlägen kommen, welche die BNetzA nicht alle im Rahmen eines effizienten Verfahrens analysieren kann. Um dieser Problematik zu begegnen, soll die BNetzA befugt werden, aus den Vorschlägen die aus ihrer Sicht wichtigsten auszuwählen. Um aber sicherzustellen, dass tatsächlich alle erforderlichen Tests durchgeführt werden, sollte die BNetzA darlegen, welche Vorschläge aus welchen Gründen nicht in das Verfahren aufgenommen werden. Damit besteht auf Seiten der Behörde ein Begründungszwang, falls bestimmte vorgeschlagene Tarife/Bündel aus dem Verfahren herausgelassen werden sollen. Neben den Vorschlägen der Marktteilnehmer sollte sich die BNetzA von der Relevanz der vorgeschlagenen Tarife/Tarifbündel leiten lassen. Wenn bestimmte Tarife/Tarifbündel nur für sehr kleine Marktnischen relevant sind, so müssen diese nicht separat getestet werden. Stattdessen ist es notwendig, die am stärksten nachgefragten Tarife bzw. Bündel einem PKS-Test zu unterziehen, um starke Effekte einer PKS auf die Wettbewerber zu vermeiden, die zu signifikanten Markanteilsverschiebungen führen würden. Auch die Identifikation von Kern-Zielgruppen, wie in Abschnitt 5 aufgezeigt, kann mittels dieser Anhörung qualitativ und quantitativ durch die Marktteilnehmer beantwortet werden. Generell ist anzunehmen, dass die Marktteilnehmer ein Interesse an der Prüfung bestimmter Fragestellungen haben und daher ein Interesse haben, ihr Anliegen objektiv und überzeugend vorzutragen.

In diesem Kontext ist eine weitere Option von Interesse, die an dieser Stelle diskutiert werden soll. Neben der Anhörung der Marktteilnehmer wäre eine periodische Berichtspflicht der DTAG denkbar. Vorteil dieser Vorgehensweise wäre, dass im Rahmen von PKS-Test benötigte Daten bereits zu Beginn zur Verfügung stünden und nicht erst nach Start des Verfahrens erfragt werden müssen. Eine kontinuierliche Marktbetrachtung und Überwachung des freien Wettbewerbs, wie sie der BNetzA auch heute schon vorgeschrieben ist, wäre erst so möglich.[25] So könnten z.B. einzelne Rabatte für bestimmte Tarife und Zielgruppen nachvollzogen werden. Wie bereits zuvor aufgezeigt, können diese erhebliche Wettbewerbsprobleme aufwerfen, wenn auf diese Weise PKS für besonders stark nachgefragte Tarife und wettbewerbsrelevante Kundengruppen aufgebaut werden.

Eine solche Berichtspflicht weist aber auch Nachteile auf: Der größte Nachteil liegt sicherlich darin, dass die Marktteilnehmer in der Anhörung Aspekte aufwerfen, die in den periodisch abgefragten Daten nicht widergespiegelt werden. In einem solchen Fall müsste die BNetzA entsprechend nachfassen und es wäre in zeitlicher Hinsicht vermutlich wenig gewonnen. Zudem ist zu beachten, dass viele Daten des etablierten Anbieters erst im Vergleich zu den Daten der Wettbewerber sinnvoll interpretiert werden können, da ansonsten der notwendige Kontext fehlt. Generell ist jedoch anzunehmen, dass die Marktteilnehmer ein Interesse an der Prüfung bestimmter Fragestellungen haben und daher ein Interesse haben, ihr Anliegen objektiv und überzeugend vorzutragen. Dies schließt die quantitative Unterfütterung ihrer Anliegen mit ein.

Aus unserer Sicht ist deshalb eine Kombination aus der eingangs vorgeschlagenen Anhörung für alle Marktteilnehmer mit einer periodischen Berichtspflicht für die DTAG zu bevorzugen. Auf diese Weise kann die BNetzA insbesondere das Tarif- und Rabattgeschehen der DTAG kontinu-

---

25 Vgl. https://www.bundesnetzagentur.de/DE/Allgemeines/DieBundesnetzagentur/UeberdieAgentur/Aufgaben/aufgaben-node.html. Abgerufen am 1. Oktober 2020.

ierlich nachvollziehen. Die Anhörung kann sodann genutzt werden, um aktuelle Trends und Veränderungen, die u.U. nicht durch die Berichtspflicht erfasst werden aufzudecken. Zudem kann die Anhörung qualitative und quantitative Erkenntnisse auch von Seiten der Wettbewerber liefern. Diese können die Entscheidungen der BNetzA nochmals fundieren. Damit lassen sich die Vorteile einer periodischen Berichtspflicht der DTAG mit den Marktinformationen durch die Wettbewerber im Rahmen eines Entgeltgenehmigungsverfahrens kombinieren und beide Informationen miteinander abgleichen. Aufgrund dessen wird der Informationsbedarf der BNetzA mit großer Wahrscheinlichkeit befriedigt. Sollten dennoch weitere Informationen seitens der DTAG notwendig sein, könnte die Behörde problemlos weitere Informationen anfordern. Diese Anfrage wäre sicherlich aufgrund der durch die periodische Berichtspflicht der DTAG bereits vorhandenen Informationen deutlich schneller zu erledigen als eine gänzlich neue Anfrage, so dass in jedem Fall Zeit innerhalb des Verfahrens gespart wird.

Schritt 2: Gewinnbare Kunden

Anschließend sollte zunächst der Frage nachgegangen werden, ob es Kundengruppen gibt, die für Wettbewerber der DTAG grundsätzlich nicht gewinnbar sind. Dazu kann in der Marktbefragung eine Abfrage von Kundengruppen bei der DTAG erfolgen, die auch nach mehreren Jahren den Anbieter nicht wechseln. Solche Konsumenten werden auch langfristig keinen Anbieterwechsel vollziehen und sollten somit auch nicht als potenziell im Wettbewerb gewinnbare Konsumenten dargestellt werden. Eine mögliche Operationalisierung könnte folgendermaßen erfolgen: *„Kunden, die zweimal die übliche Vertragslaufzeit von 24 Monaten haben verstreichen lassen, ohne eine Nachverhandlung durchzuführen bzw. keine günstigeren Konditionen aktiv durch die DTAG bekommen haben, gelten als nicht gewinnbar.“* Diese können somit auch nicht als relevant für die Wettbewerber der DTAG angesehen werden.

Schritt 3: Laufzeitanalyse

Wie bereits in den vorherigen Kapiteln diskutiert, ist es unwahrscheinlich, dass in den üblicherweise von der BNetzA angenommenen Vertragslaufzeiten allein zu Beginn Rabatte zu verzeichnen sind und anschließend keine Nachverhandlungen von Seiten der Kunden bzw. aktive Marketingmaßnahmen seitens der DTAG vorgenommen werden, um etwaige Kündigungen abzuwenden. Um hier zu einem das reale Marktgeschehen besser darstellenden Ergebnis zu gelangen, ist in Schritt 3 der Analyse eine vertiefte Betrachtung der Laufzeiten von Verträgen sowie der Marketingmaßnahmen, inklusive Angaben zu Rabatten und Zugaben, durchzuführen. Die empirisch gestützten Ergebnisse dieses Analyseschritte stellen die Basis für den PKS-Test.

PKS-Test

Nach den Prüfungen im Rahmen der drei Schritte, kann mit dem eigentlichen PKS-Test begonnen werden. Dabei wird der PKS-Test in aggregierter Form, wie bisher, durchgeführt und ergänzend werden die im vorausgegangenen Verfahrensschritt ermittelten Tarife bzw. Tarifbündel in separaten PKS-Tests analysiert. Diese Vorgehensweise stellt sicher, dass es zu keinen versteckten PKS kommen kann, die im Rahmen eines aggregierten Tests nicht entdeckt würden und negative Auswirkungen auf eine Fülle von Marktteilnehmern hätten.

Im Rahmen des PKS-Tests ist sodann eine detaillierte Berücksichtigung aller Rabattformen, wie in den vorherigen Abschnitten herausgearbeitet und in der Anhörung abgefragt, durchzuführen. Damit wird eine den tatsächlichen Marktgegebenheiten besser entsprechende Erlösberechnung ermöglicht.

Zudem ist aus unserer Sicht besonderes Augenmerk auf die Retail-Kosten zu richten. Ausgangspunkt unserer Vorschläge ist auch hier die vorausgegangene Anhörung. In dieser werden die Wettbewerber nach ihrer Einschätzung gefragt, ob sie aus ihrer Sicht höhere Retail-Kosten als die DTAG aufweisen. Dies ist anschließend natürlich zu belegen. Sollte dies bei mehreren Anbietern der Fall sein, sind die Kosten im Rahmen des PKS-Tests anzupassen. Kostenanpassungen aufgrund höherer Kosten bei einem Anbieter wären möglicherweise verzerrend für das Testergebnis, weil das Konzept des effizienten Wettbewerbers gerade nicht ein bestimmtes Unternehmen vor Augen hat. Würde die Kostendifferenz aber mehrere Wettbewerber betreffen, so kann man argumentieren, dass ein effizienter Wettbewerber des etablierten Anbieters höhere Kosten aufweist und dies im Rahmen eines PKS-Tests berücksichtigt werden muss (vgl. Gaudin und Saavedra, 2014).

Eine aufgedeckte PKS muss in jedem Fall eine Aufforderung zur Unterlassung nach sich ziehen. Dies gilt unabhängig davon, ob die PKS das gesamte Aggregat oder nur einen einzelnen Tarif für eine bestimmte Zielgruppe betrifft. In jedem Fall müsste die DTAG entweder die Vorleistungskosten senken oder den Retail-Preis des entsprechenden Tarifes erhöhen.

Im folgenden Abschnitt 6.2 wenden wir das entwickelte Prüfschema auf ausgewählte Aspekte dieses Gutachtens an, um die Effekte der diskutierten Modifikationen auf die Ergebnisse von PKS-Tests zu zeigen.

6.2 Anwendung des Prüfschemas

In diesem Abschnitt analysieren wir, inwieweit sich die in den vorherigen Abschnitten diskutierten Modifikationsvorschläge auf das Ergebnis eines PKS-Tests auswirken. Dabei gehen wir anhand dreier konkreter Beispiele für Tarife der DTAG vor. Wir starten mit dem Tarif MagentaZuhause M. Dieser Tarif ist einer der am häufigsten verkauften Tarife der DTAG und spiegelt somit eine Anforderung aus unserem Prüfschema wider, nämlich dass die für PKS-Tests ausgewählten Tarife/Tarifbündel eine gewisse Marktbedeutung haben sollen. Dies ist in diesem Fall zweifellos gegeben. Der zweite Tarif ist der Tarif MagentaZuhause M Young. Mit diesem Beispiel belegen wir, dass durchaus PKS für bestimmte Kundengruppen denkbar sind, die für den etablierten Anbieter eine große Bedeutung haben und folglich im Rahmen von Marketingmaßnahmen besonders intensiv bearbeitet werden.

Der dritte Tarif greift das in diesem Gutachten bereits diskutierte Thema Konvergenzkunden auf. Hierbei handelt es sich um den Tarif MagentaEins M, der sowohl aus Festnetz- als auch aus Mobilfunkvertrag besteht. Damit werden den Telekommunikationskunden sämtliche Telekommunikationsleistungen aus einer Hand angeboten. Die Auswirkungen verschiedener Modifikationen für PKS-Tests dieser drei Tarife werden in den folgenden Abschnitten dargestellt.

6.2.1 PKS-Test für MagentaZuhause M

Zunächst führen wir den PKS-Test für den Tarif MagentaZuhause M durch, der zu den häufigsten gewählten Tarifen der Kunden der DTAG gehört. Damit handelt es sich um einen Tarif, der im Markt große Bedeutung besitzt und somit auch für potenzielle PKS eine signifikante Wirkung auf den Wettbewerb im Telekommunikationsmarkt hat. In der folgenden Tabelle werden die für diesen Fall relevanten Kosten für Layer-3-BSA dargestellt, die aus Entscheidungen der BNetzA entnommen worden sind.

Tabelle 11: Kosten eines effizienten Wettbewerbers für Layer-3-BSA

Kostenart	**Entscheidung**	**Betrag**
Bereitstellung + Kündigung	BK3-17-039	1,18 €
Überlassung	Derzeitiger Kontingentpreis	14,10 €
Upfront	BK3-17-039	4,80 €
Zus. Traffic	BK3-17-039	0,69 €
Kollokation + Gate-Anschluss	BK3-17-039	0,16 €
Zusatzkosten	BK3-19-002	5,89 €
Gemeinkosten	BK3-19-002	2,39 €
Angemessene Verzinsung	10 %	2,92 €
Gesamtkosten		**32,13 €**

Quelle: BNetzA, eigene Darstellung.

In der Summe ergeben sich hier Kosten in Höhe von 32,13 Euro. Diesen Kosten sind nun die Erlöse gegenüberzustellen, die sich auf Basis des gewählten Tarifs, bestimmter Laufzeiten sowie der relevanten Rabatte ergeben. Im ersten Fall gehen wir von einer Laufzeit von 63 Monaten aus, die in bisherigen PKS-Tests der BNetzA angesetzt wurden.

Die Daten in den Tabellen 12 bis 20 entstammen den folgenden Quellen. Die Preise des MagentaZuhause M Tarifs, die Anschlussgebühren, Router-Umsätze sowie der Online- und Router-Rabatt entstammen der Homepage der DTAG.[26] Die eRetail-Rabatte sind der Check24-Homepage entnommen.[27] Der Shoprabatt ergibt sich als Mittelwert der Rabatte im stationären Shop, wie sie im Dezember 2018 durch eine Mystery-Shopping Analyse durch Telefonica eruiert wurden. Der jeweilige Anteil an Kunden, die für einen zusätzlichen Umsatz verantwortlich sind bzw. die den jeweiligen Rabatt erhalten, wurden für diese Veröffentlichung konservativ geschätzt.[28] Insbesondere wird angenommen, dass zwar ein Großteil, aber nicht alle Kunden zusätzliche Umsätze über Anschlussgebühren und Routermiete generieren. Daher werden pragmatisch jeweils 75 Prozent angesetzt.[29] Der Kanalsplit der Kunden wurde wie folgt angenommen: 50 Prozent der Telekom Kunden schließen ihren Vertrag im stationären Shop ab,

26 Abgerufen am 25. September 2020.

27 Abgerufen am 25. September 2020.

28 Die Berechnungen anhand der von Telefonica bereitgestellten Anteile aus dem eigenen Kundenportfolio, ergeben ähnliche berechnete PKS. Eine geschwärzte Version, aus der jedoch die tatsächlich berechneten PKS-Werte hervorgehen, findet sich unter: https://www.basecamp.digital/wp-content/uploads/2020/11/20201111_Studie_PKS_im_Telekommunikationssektor.pdf.

29 Die Angaben zum Wert der Anschlussgebühr und der Routermiete sind der Homepage der DTAG entnommen. Abgerufen am 25. September 2020.

25 Prozent über die Homepage der Telekom und weitere 25 Prozent über ein Online-Vergleichsportal. Eine Router-Gutschrift in Höhe von 80 Euro erhalten zudem mindestens jene Kunden, die ihren Vertrag über die Homepage der Telekom bzw. über ein Vergleichsportal abschließen.[30]

Tabelle 12: Erlöse für den Tarif MagentaZuhause M bei einer Laufzeit von 63 Monaten

Erlöse MagentaZuhause M

Bandbreite	Anfangsrabatt (Monate / rabattierter Preis)		Normalpreis (Ø Restmonate / Preis)		Preis Ø brutto	Preis Ø netto
50 (M)	6	19,45 €	57	38,95	37,09 €	31,98 €

Zusätzliche Umsätze

Art	Wert	anteilig Monat	Anteil Kunden	Ø Umsatz brutto	Ø Umsatz netto
Anschluss-gebühr	68,19 €	1,08 €	75%	0,81 €	0,70 €
Router		5,80 €	75%	4,35 €	3,75 €

Zusätzliche Rabatte

Art	Wert	anteilig Monat	Anteil Kunden	Ø Rabatt brutto	Ø Rabatt netto
Online Rabatt (excl. eRetail)	-100,00 €	-1,59 €	25%	-0,40 €	-0,34 €
Router	-80,00 €	-1,27 €	50%	-0,63 €	-0,55 €
eRetail Online Rabatt	-80,00 €	-1,27 €	25%	-0,32 €	-0,27 €
eRetail Cash-back	-180,00 €	-2,86 €	25%	-0,71 €	-0,62 €
Shop-Rabatt	-150,00 €	-2,38 €	50%	-1,19 €	-1,03 €
PKS-Berechnung			**Effektiver Preis**		**33,62 €**
			Kosten		**32,13 €**
			EUR bis PKS		**1,49 €**

Quellen: Homepage der DTAG, Check24.de, eigene Schätzungen, sowie Mystery-Shopping Analyse durch Telefonica aus dem Dezember 2018. Eigene Darstellung.

Neben den Erlösen für den eigentlichen Tarif, werden zusätzlich Erlöse aus der Anschlussgebühr sowie dem Verkauf des Routers in die Berechnung einbezogen. Anschließend werden die aktuell gewährten Rabatte abgezogen, die bei einem Kauf des genannten Tarifs gewährt werden. Dabei handelt es sich um Rabatte für den Online-Kauf bei der DTAG, Router-Ra-

30 Vgl. Homepage der DTAG und Check24.de. Abgerufen am 25. September 2020.

batte, eRetail-Rabatte über andere Portale, eRetail Cash-Back-Aktionen sowie Shop-Rabatte. Der Anteil der Kunden, die die entsprechenden Rabatte bekommen, wurde geschätzt und in der obigen Tabelle dokumentiert. Daraus ergibt sich ein Preis von 33,62 Euro. Stellt man diese Erlöse den oben ermittelten Kosten gegenüber, ergibt sich ein Überschuss von 1,49 Euro. Es zeigt sich somit, dass bei realitätsnaher Berücksichtigung aller Rabattquellen der Überschuss deutlich niedriger als in den bisherigen Entscheidungen der BNetzA ist und eine PKS nur noch sehr knapp vermieden werden kann. Die Berücksichtigung der tatsächlich im Markt gewährten Rabatte ist, wie in diesem Gutachten thematisiert, für die Ergebnisse der PKS-Tests von großer Bedeutung.

Eine weitere Modifikation führen wir in der folgenden Tabelle durch. Dieser Tabelle liegt die Annahme zugrunde, dass Kunden sich über die generell sinkende Preisentwicklung auf Telekommunikationsmärkten sehr wohl bewusst sind und somit nach 24 Monaten ihre Verträge entweder kündigen oder Nachverhandlungen anstreben bzw. gezielt von der DTAG über Marketingmaßnahmen als Kunden gehalten werden.

Tabelle 13: Erlöse für den Tarif MagentaZuhause M bei einer Laufzeit von 24 Monaten

Erlöse MagentaZuhause M						
Bandbreite	Anfangsrabatt (Monate / rabattierter Preis)		Normalpreis (Ø Restmonate / Preis)		Preis Ø brutto	Preis Ø netto
50 (M)	6	19,45 €	18	38,95	34,08 €	29,38 €

Zusätzliche Umsätze					
Art	Wert	anteilig Monat	Anteil Kunden	Ø Umsatz brutto	Ø Umsatz netto
Anschlussgebühr	68,19 €	2,84 €	75%	2,13 €	1,84 €
Router		5,80 €	75%	4,35 €	3,75 €

Zusätzliche Rabatte					
Art	Wert	anteilig Monat	Anteil Kunden	Ø Rabatt brutto	Ø Rabatt netto
Online Rabatt (excl. eRetail)	-100,00 €	-4,17 €	25%	-1,04 €	-0,90 €
Router	-80,00 €	-3,33 €	50%	-1,67 €	-1,44 €
eRetail Online Rabatt	-80,00 €	-3,33 €	25%	-0,83 €	-0,72 €
eRetail Cash-back	-180,00 €	-7,50 €	25%	-1,88 €	-1,62 €
Shop-Rabatt	-150,00 €	-6,25 €	50%	-3,13 €	-2,69 €
PKS-Berechnung			**Effektiver Preis**		**27,60 €**
			Kosten		**32,13 €**
			EUR bis PKS		**-4,53 €**

Quellen: Homepage der DTAG, Check24.de, eigene Schätzungen, sowie Mystery-Shopping Analyse durch Telefonica aus dem Dezember 2018. Eigene Darstellung.

Es zeigt sich, dass die Modifikation der Laufzeit für das Ergebnis des PKS-Tests von entscheidender Bedeutung ist. Der im Ausgangsbeispiel noch knapp vorhandene Überschuss verschwindet dadurch. Im Ergebnis ergibt sich eine PKS von 4,53 Euro und damit die Konsequenz, dass das Angebot der DTAG für einen effizienten Wettbewerber unter der Annahme einer Laufzeit von 24 Monaten nicht mehr nachbildbar ist. Somit wird auch klar, dass durch die Annahme einer Laufzeit von 63 Monaten PKS, die sich für einen signifikanten Teil der Verbraucher ergeben würden, nicht identifiziert werden können.

Die folgende Tabelle zeigt weitere Sensitivitätsanalysen. Dabei geht es um die Zugabe von Entertainment-Paketen, deren monetärer Wert im Rahmen eines PKS-Tests richtigerweise ebenfalls Berücksichtigung finden muss. Dabei handelt es sich um die Pakete TV, TV Premium und Disney+. Die Verteilung auf die Kundengruppen, sowie der Anteil der Kunden, die diese zusätzlichen Vorteile bekommen, wurde ebenfalls konservativ geschätzt.

Tabelle 14: Erlöse für den Tarif MagentaZuhause M bei einer Laufzeit von 24 Monaten mit Zugabe von Entertainment Paketen

Erlöse MagentaZuhause M

Bandbreite	Anfangsrabatt (Monate / rabattierter Preis)		Normalpreis (Ø Restmonate / Preis)		Preis Ø brutto	Preis Ø netto
50 (M)	6	19,45 €	18	38,95	34,08 €	29,38 €

Zusätzliche Umsätze

Art	Wert	anteilig Monat	Anteil Kunden	Ø Umsatz brutto	Ø Umsatz netto
Anschluss-gebühr	68,19 €	2,84 €	75%	2,13 €	1,84 €
Router		5,80 €	75%	4,35 €	3,75 €

Zusätzliche Rabatte

Art	Wert	anteilig Monat	Anteil Kunden	Ø Rabatt brutto	Ø Rabatt netto
Online Rabatt (excl. eRetail)	-100,00 €	-4,17 €	25%	-1,04 €	-0,90 €
Router	-80,00 €	-3,33 €	50%	-1,67 €	-1,44 €
eRetail Online Rabatt	-80,00 €	-3,33 €	25%	-0,83 €	-0,72 €
eRetail Cash-back	-180,00 €	-7,50 €	25%	-1,88 €	-1,62 €
Shop-Rabatt	-150,00 €	-6,25 €	50%	-3,13 €	-2,69 €

Zusätzliche Vorteile

Art	Wert	anteilig Monat	Anteil Kunden	Ø Rabatt brutto	Ø Rabatt netto
TV	-14,61 €	-0,61 €	10 %	-0,06 €	-0,05 €
TV Premium	-29,22 €	-1,22 €	10 %	-0,12 €	-0,10 €
Disney+	-30,00 €	-1,25 €	10%	-0,13 €	-0,11 €
PKS-Berechnung			**Effektiver Preis**		**27,33 €**
			Kosten		**32,13 €**
			EUR bis PKS		**-4,80 €**

Quellen: Homepage der DTAG, Check24.de, eigene Schätzungen, sowie Mystery-Shopping Analyse durch Telefonica aus dem Dezember 2018. Eigene Darstellung.

Im Ergebnis zeigt sich, dass sich die PKS auf 4,80 Euro vergrößert. Damit belegt die Berechnung, dass sonstige Zugaben zu Telekommunikationstarifen in der Systematik von PKS-Tests ein nicht zu vernachlässigender Aspekt sind, der bei Nichtberücksichtigung zu verzerrten Testergebnissen führen kann.

6.2.2 PKS-Test für MagentaZuhause M Young

Nachdem wir den PKS-Test für den Tarif MagentaZuhause M im vorherigen Abschnitt dargestellt und die Auswirkungen von verschiedenen Rabattarten, Laufzeiten und Entertainment-Zugaben auf das Testergebnis gezeigt haben, widmen wir uns anschließend einer bestimmten Kundengruppe, die die DTAG mit dem Tarif MagentaZuhause M Young separat anspricht. Es ist offensichtlich, dass es für Telekommunikationsanbieter reizvoll ist, Kunden bereits im jungen Alter an das eigene Unternehmen zu binden. Die relevanten Kosten entsprechen hier denen im ersten Beispiel. In Bezug auf die in der folgenden Tabelle dargestellten Erlöse starten wir mit den von der BNetzA bislang angenommenen 63 Monaten für die Verweildauer der Kunden und berücksichtigen im ersten Schritt wieder die inzwischen am Markt üblichen Rabatte, wie dies auch im PKS-Test für den Tarif MagentaZuhause M geschehen ist.

Tabelle 15: Erlöse für den Tarif MagentaZuhause M Young mit einer Laufzeit von 63 Monaten

Erlöse MagentaZuhause M – Young People

Bandbreite	Anfangsrabatt (Monate / rabattierter Preis)		Normalpreis (Ø Restmonate / Preis)		Preis Ø brutto	Preis Ø netto
50 (M)	6	19,45 €	57	34,06 €	32,67 €	28,16 €

Zusätzliche Umsätze

Art	Wert	anteilig Monat	Anteil Kunden	Ø Umsatz brutto	Ø Umsatz netto
Anschlussgebühr	68,19 €	1,08 €	75%	0,81 €	0,70 €
Router		5,80 €	75%	4,35 €	3,75 €

Zusätzliche Rabatte

Art	Wert	anteilig Monat	Anteil Kunden	Ø Rabatt brutto	Ø Rabatt netto
Online Rabatt (excl. eRetail)	-100,00 €	-1,59 €	25%	-0,40 €	-0,34 €
Router	-80,00 €	-1,27 €	50%	-0,63 €	-0,55 €
eRetail Online Rabatt	-80,00 €	-1,27 €	25%	-0,32 €	-0,27 €
eRetail Cash-back	-160,00 €	-2,54 €	25%	-0,63 €	-0,55 €
Shop-Rabatt	-150,00 €	-2,38 €	50%	-1,19 €	-1,03 €

PKS-Berechnung		
	Effektiver Preis	**29,88 €**
	Kosten	**32,13 €**
	EUR bis PKS	**-2,26€**

Quellen: Homepage der DTAG, Check24.de, eigene Schätzungen, sowie Mystery-Shopping Analyse durch Telefonica aus dem Dezember 2018. Eigene Darstellung.

In Bezug auf die Rabatte sowie die Gewichtung der Anteile verschiedener Rabattformen gehen wir analog zum vorherigen Tarif vor. In diesem Fall zeigt sich, dass bereits in der Ausgangssituation unter Annahme einer Laufzeit von 63 Monaten eine PKS von 2,26 Euro entsteht. Mit anderen Worten ist bereits dieses Angebot der DTAG selbst bei einer Laufzeit von 63 Monaten für die Wettbewerber nicht nachbildbar. Die folgende Tabelle zeigt nun die Entwicklung der Erlöse für eine Modifikation der Berechnung hinsichtlich einer Verringerung der Laufzeit von 63 auf 24 Monate.

Tabelle 16: Erlöse für den Tarif MagentaZuhause M Young mit einer Laufzeit von 24 Monaten

Erlöse MagentaZuhause M – Young People						
Bandbreite	Anfangsrabatt (Monate / rabattierter Preis)		Normalpreis (Ø Restmonate / Preis)		Preis Ø brutto	Preis Ø netto
50 (M)	6	19,45 €	18	34,06 €	30,41 €	26,21 €

Zusätzliche Umsätze					
Art	Wert	anteilig Monat	Anteil Kunden	Ø Umsatz brutto	Ø Umsatz netto
Anschlussgebühr	68,19 €	2,84 €	75%	2,13 €	1,84 €
Router		5,80 €	75%	4,35 €	3,75 €

Zusätzliche Rabatte					
Art	Wert	anteilig Monat	Anteil Kunden	Ø Rabatt brutto	Ø Rabatt netto
Online Rabatt (excl. eRetail)	-100,00 €	-4,17 €	25%	-1,04 €	-0,90 €
Router	-80,00 €	-3,33 €	50%	-1,67 €	-1,44 €
eRetail Online Rabatt	-80,00 €	-3,33 €	25%	-0,83 €	-0,72 €
eRetail Cash-back	-160,00 €	-6,67 €	25%	-1,67 €	-1,44 €
Shop-Rabatt	-150,00 €	-6,25 €	50%	-3,13 €	-2,69 €
PKS-Berechnung			**Effektiver Preis**		**24,62 €**
			Kosten		**32,13 €**
			EUR bis PKS		**-7,51 €**

Quellen: Homepage der DTAG, Check24.de, eigene Schätzungen, sowie Mystery-Shopping Analyse durch Telefonica aus dem Dezember 2018. Eigene Darstellung.

Geht man von dieser realitätsnäheren Laufzeit aus, erhöht sich unter sonst identischen Bedingungen die PKS auf 7,51 Euro. Somit wird deutlich, dass die verstärkte Berücksichtigung des tatsächlichen Marktgeschehens die PKS weiter erhöht und eine Nachbildbarkeit durch einen effizienten Wettbewerber in noch größerem Maße unmöglich macht. Im letzten Schritt wird, wie im vorherigen Beispiel, die Analyse um Entertainment-Zugaben erweitert.

Tabelle 17: Erlöse für den Tarif MagentaZuhause M Young mit einer Laufzeit von 24 Monaten mit Entertainment-Zugaben

Erlöse MagentaZuhause M – Young People

Bandbreite	Anfangsrabatt (Monate / rabattierter Preis)		Normalpreis (Ø Restmonate / Preis)		Preis Ø brutto	Preis Ø netto
50 (M)	6	19,45 €	18	34,06 €	30,41 €	26,21 €

Zusätzliche Umsätze

Art	Wert	anteilig Monat	Anteil Kunden	Ø Umsatz brutto	Ø Umsatz netto
Anschluss-gebühr	68,19 €	2,84 €	75%	2,13 €	1,84 €
Router		5,80 €	75%	4,35 €	3,75 €

Zusätzliche Rabatte

Art	Wert	anteilig Monat	Anteil Kunden	Ø Rabatt brutto	Ø Rabatt netto
Online Rabatt (excl. eRetail)	-100,00 €	-4,17 €	25%	-1,04 €	-0,90 €
Router	-80,00 €	-3,33 €	50%	-1,67 €	-1,44 €
eRetail Online Rabatt	-80,00 €	-3,33 €	25%	-0,83 €	-0,72 €
eRetail Cash-back	-160,00 €	-6,67 €	25%	-1,67 €	-1,44 €
Shop-Rabatt	-150,00 €	-6,25 €	50%	-3,13 €	-2,69 €

Zusätzliche Vorteile

Art	Wert	anteilig Monat	Anteil Kunden	Ø Rabatt brutto	Ø Rabatt netto
TV	-14,61 €	-0,61 €	10%	-0,06 €	-0,05 €
TV Premium	-29,22 €	-1,22 €	10%	-0,12 €	-0,10 €
Disney+	-30,00 €	-1,25 €	10%	-0,13 €	-0,11 €

PKS-Berechnung		
	Effektiver Preis	**24,35 €**
	Kosten	**32,13 €**
	EUR bis PKS	**-7,78 €**

Quellen: Homepage der DTAG, Check24.de, eigene Schätzungen, sowie Mystery-Shopping Analyse durch Telefonica aus dem Dezember 2018. Eigene Darstellung.

Die Entwicklung der PKS muss in diesem Fall zwangsläufig in dieselbe Richtung gehen und die PKS erweitert sich hierbei auf 7,78 Euro. Somit zeigt sich, dass die PKS im Falle des Young Tarifs noch verschärft auftritt und selbst unter der unrealistischen Annahme einer Laufzeit von 63 Monaten die Nachbildbarkeit des Angebots der DTAG für einen effizienten Wettbewerber nicht gegeben ist. Werden die Annahmen bezüglich der

Laufzeit sowie möglicher Zugaben ebenfalls an das reale Marktgeschehen angepasst, geht die PKS immer weiter auseinander.

6.2.3 PKS-Test für MagentaEins M

Wir haben in diesem Gutachten ein spezielles Bündel an verschiedenen Stellen hervorgehoben. Dabei handelt es sich um die Kombination von Festnetz- und Mobilfunkvertrag. Dies bietet einem Telekommunikationsanbieter die Möglichkeit den Kunden beide Dienstleistungen aus einer Hand anzubieten und folglich auch die Erlöse aus beiden Quellen simultan abzuschöpfen. Solche Tarife hat natürlich auch die DTAG in ihrem Produktportfolio und diese Art von Konvergenztarifen spielt, wie bereits diskutiert, für die DTAG eine wichtige Rolle. Es handelt sich im vorliegenden Fall um den Tarif MagentaEins M. Die Kostenberechnung bleibt so wie in den vorherigen Beispielen, woraus Kosten in Höhe von 32,13 Euro entstehen. In der folgenden Tabelle werden die Erlöse für die Ausgangssituation mit einer Laufzeit von 63 Monaten und den bereits diskutierten Rabatten berechnet.

Tabelle 18: Erlöse für den Tarif MagentaZuhause M mit einer Laufzeit von 63 Monaten und MagentaEins Rabatten

Erlöse MagentaZuhause M

Bandbreite	Anfangsrabatt (Monate / rabattierter Preis)		Normalpreis (Ø Restmonate / Preis)		Preis Ø brutto	Preis Ø netto
50 (M)	6	19,45 €	57	38,95	37,09 €	31,98 €

Zusätzliche Umsätze

Art	Wert	anteilig Monat	Anteil Kunden	Ø Umsatz brutto	Ø Umsatz netto
Anschluss-gebühr	68,19 €	1,08 €	75%	0,81 €	0,70 €
Router		5,80 €	75%	4,35 €	3,75 €

Zusätzliche Rabatte

Art	Wert	anteilig Monat	Anteil Kunden / Anteilige Allokation zu DSL	Ø Rabatt brutto	Ø Rabatt netto
Online Rabatt (excl. eRetail)	-100,00 €	-1,59 €	25%	-0,40 €	-0,34 €
Router	-80,00 €	-1,27 €	50%	-0,63 €	-0,55 €
eRetail Online Rabatt	-80,00 €	-1,27 €	25%	-0,32 €	-0,27 €
eRetail Cash-back	-180,00 €	-2,86 €	25%	-0,71 €	-0,62 €
Shop-Rabatt	-150,00 €	-2,38 €	50%	-1,19 €	-1,03 €
MagentEins Vorteil		-5,00 €	50%	-2,50 €	-2,16 €
doppelte Daten mobil		-9,70 €	50%	-4,85 €	-4,18 €
F2M Flatrate		-14,57 €	50%	-7,29 €	-6,28 €
PKS-Berechnung			**Effektiver Preis**		**21,00 €**
			Kosten		**32,13 €**
			EUR bis PKS		**-11,13 €**

Quellen: Homepage der DTAG, Check24.de, eigene Schätzungen, sowie Mystery-Shopping Analyse durch Telefonica aus dem Dezember 2018. Eigene Darstellung.

In Bezug auf die Rabatte ergeben sich an dieser Stelle aber Änderungen, da weitere Vorteile enthalten sind, die es bei separaten Festnetzangeboten in dieser Form nicht gibt und die dementsprechend explizit aus der Bündelung mit dem Mobilfunkangebot resultieren. Dies sind der MagentaEins-Vorteil, das doppelte Datenvolumen im Mobilfunk sowie die Festnetz-zu-

Mobilfunk-Flatrate. Natürlich können diese Rabatte nicht zu 100 % dem Festnetz zugeschlagen werden, zudem auch keine Mobilfunkkosten im vorliegenden Beispiel berücksichtigt werden. Es ist aber zweifellos so, dass eine anteilige Berücksichtigung geboten ist, weil diese Rabatte zumindest teilweise nur durch die Bündelung entstehen. Wir gehen hier von einer hälftigen Aufteilung aus und berücksichtigen diese Rabatte mit jeweils 50 % in der vorliegenden Erlösberechnung. Dies ist eine adäquate und durchaus konservative Vorgehensweise. Darüber hinaus ist anzumerken, dass die PKS auch bei wesentlicher Variation der Gewichtung der drei mit dem Bündel verbundenen Rabatte nahezu nicht verschwinden würde.[31]

Es bleibt somit wie auch im Fall des Young-Tarifs festzustellen, dass bereits bei einer Laufzeit von 63 Monaten eine erhebliche PKS von 11,13 Euro entsteht und somit die Nachbildbarkeit des Angebots durch den effizienten Wettbewerber nicht gegeben ist.

Wie in den vorangegangenen Beispielen modifizieren wir im nächsten Schritt die Laufzeit von 63 auf 24 Monate. Die dazugehörigen Erlöse zeigt die folgende Tabelle.

31 Ein Vergleich der durchschnittlichen Erlöse in Mobilfunk und Breitbandtarifen zeigt zudem, dass eine 50/50 Annahme vermutlich sogar zu Gunsten der DTAG ausfällt. Check24 hat im Jahr 2018 ermittelt, dass ein durchschnittlicher Handyvertrag in Deutschland 22,89 € gekostet hat. Dieser Wert liegt deutlich unterhalb der Kosten für einen Breitbandanschluss. Gemessen an den Erlösen ist die vorgenommene Aufteilung daher als konservativ anzusehen.

Tabelle 19: Erlöse für den Tarif MagentaZuhause M mit einer Laufzeit von 24 Monaten und MagentaEins Rabatten

Erlöse MagentaZuhause M

Bandbreite	Anfangsrabatt (Monate / rabattierter Preis)		Normalpreis (Ø Restmonate / Preis)		Preis Ø brutto	Preis Ø netto
50 (M)	6	19,45 €	18	38,95	34,08 €	29,38 €

Zusätzliche Umsätze

Art	Wert	anteilig Monat	Anteil Kunden	Ø Umsatz brutto	Ø Umsatz netto
Anschluss-gebühr	68,19 €	2,84 €	75%	2,13 €	1,84 €
Router		5,80 €	75%	4,35 €	3,75 €

Zusätzliche Rabatte

Art	Wert	anteilig Monat	Anteil Kunden / Anteilige Allokation zu DSL	Ø Rabatt brutto	Ø Rabatt netto
Online Rabatt (excl. eRetail)	-100,00 €	-4,17 €	25%	-1,04 €	**-0,90 €**
Router	-80,00 €	-3,33 €	50%	-1,67 €	**-1,44 €**
eRetail Online Rabatt	-80,00 €	-3,33 €	25%	-0,83 €	**-0,72 €**
eRetail Cash-back	-180,00 €	-7,50 €	25%	-1,88 €	**-1,62 €**
Shop-Rabatt	-150,00 €	-6,25 €	50%	-3,13 €	**-2,69 €**
MagentaEins Vorteil		-5,00 €	50%	-2,50 €	-2,16 €
doppelte Daten mobil		-9,70 €	50%	-4,85 €	-4,18 €
F2M Flatrate		-14,57 €	50%	-7,29 €	-6,28 €
PKS-Berechnung			**Effektiver Preis**		**14,98 €**
			Kosten		**32,13 €**
			EUR bis PKS		**-17,15 €**

Quellen: Homepage der DTAG, Check24.de, eigene Schätzungen, sowie Mystery-Shopping Analyse durch Telefonica aus dem Dezember 2018. Eigene Darstellung.

Die PKS entwickelt sich in die erwartete Richtung und weitet sich auf 17,15 Euro aus. Somit verschärft die Anpassung der Laufzeit die bereits bei einer Laufzeit von 63 Monaten vorhandene PKS deutlich. Abschließend erfolgt die Sensitivitätsanalyse des PKS-Tests hinsichtlich der bereits für die ersten beiden Tarife betrachteten Entertainment-Zugaben. Die folgende Tabelle zeigt die dazugehörige Erlösberechnung.

Tabelle 20: Erlöse für den Tarif MagentaZuhause M mit einer Laufzeit von 24 Monaten und MagentaEins Rabatten inklusive Entertainment-Zugaben

Erlöse MagentaZuhause M

Bandbreite	Anfangsrabatt (Monate / rabattierter Preis)		Normalpreis (Ø Restmonate / Preis)		Preis Ø brutto	Preis Ø netto
50 (M)	6	19,45 €	18	38,95	34,08 €	29,38 €

Zusätzliche Umsätze

Art	Wert	anteilig Monat	Anteil Kunden	Ø Umsatz brutto	Ø Umsatz netto
Anschluss-gebühr	68,19 €	2,84 €	75%	2,13 €	1,84 €
Router		5,80 €	75%	4,35 €	3,75 €

Zusätzliche Rabatte

Art	Wert	anteilig Monat	Anteil Kunden / Anteilige Allokation zu DSL	Ø Rabatt brutto	Ø Rabatt netto
Online Rabatt (excl. eRetail)	-100,00 €	-4,17 €	25%	-1,04 €	-0,90 €
Router	-80,00 €	-3,33 €	50%	-1,67 €	-1,44 €
eRetail Online Rabatt	-80,00 €	-3,33 €	25%	-0,83 €	-0,72 €
eRetail Cash-back	-180,00 €	-7,50 €	25%	-1,88 €	-1,62 €
Shop-Rabatt	-150,00 €	-6,25 €	50%	-3,13 €	-2,69 €
MagentaEins Vorteil		-5,00 €	50%	-2,50 €	-2,16 €
doppelte Daten mobil		-9,70 €	50%	-4,85 €	-4,18 €
F2M Flatrate		-14,57 €	50%	-7,29 €	-6,28 €

Zusätzliche Vorteile

Art	Wert	anteilig Monat	Anteil Kunden	Ø Rabatt brutto	Ø Rabatt netto
TV	-14,61 €	-0,61 €	10%	-0,06 €	-0,05 €
TV Premium	-29,22 €	-1,22 €	10%	-0,12 €	-0,10 €
Disney+	-30,00 €	-1,25 €	10%	-0,13 €	-0,11 €
PKS-Berechnung			**Effektiver Preis**		**14,72 €**
			Kosten		**32,13 €**
			EUR bis PKS		**-17,41 €**

Quellen: Homepage der DTAG, Check24.de, eigene Schätzungen, sowie Mystery-Shopping Analyse durch Telefonica aus dem Dezember 2018. Eigene Darstellung.

Diese Zugaben führen zu einem weiteren Anstieg der PKS auf 17,41 Euro. Abschließend lässt sich feststellen, dass die von uns diskutierten, notwendigen Modifikationen unter realitätsnahen Annahmen zu erheblichen PKS führen. Die bisherige Vorgehensweise hätte diese PKS nicht identifiziert und infolgedessen erhebliche Schäden für den wirksamen Wettbewerb auf Telekommunikationsmärkten nicht verhindern können.

6.2.4 Sensitivitätsprüfung: PKS-Test für Layer-2

Nachdem zuvor die Anwendung des Prüfschemas beispielhaft für Layer-3 aufgezeigt wurden, wird im Folgenden eine verkürzte Darstellung für Layer-2 vorgenommen. Diese dient als Sensitivitätsanalyse und belegt, dass auch hier eine zum Teil erhebliche PKS vorliegt. Zu diesem Zweck stellt Tabelle 21 die Kosten eines effizienten Wettbewerbers für Layer-2 nach der Entscheidungspraxis der BNetzA dar. Es ist zu sehen, dass diese sich auf 30,31 Euro aufsummieren.

Tabelle 21: Kosten eines effizienten Wettbewerbers für Layer-2-BSA

Kostenart	**Entscheidung**	**Betrag**
Bereitstellung + Kündigung	BK3-17-039	1,07 €
Überlassung	derzeitiger Kontingentpreis	11,75 €
Upfront	BK3-17-039	4,80 €
Übergabeanschluss am BNG, Bereitstellung + Überlassung	BK3-17-039	0,10 €
Kollokation am BNG	BK3-17-039	0,11 €
Transport im Kernnetz jenseits des BNG	BK3-17-039	1,44 €
Zusatzkosten	BK3-19-002	5,89 €
Gemeinkosten	BK3-19-002	2,39 €
Angemessene Verzinsung	10%	2,76 €
Gesamtkosten		**30,31 €**

Quelle: BNetzA, eigene Darstellung.

Tabelle 22 gibt nun eine Übersicht über alle durchgeführten Layer-2 und Layer-3 PKS-Tests. Da sich der effektive Preis jeweils nicht ändert, da für die Tarife naturgemäß dieselben Rabatte berücksichtigt werden, verzichten wir auf eine erneute detaillierte Darstellung in einer Reihe von Tabellen. Stattdessen wird ein Überblick gegeben, inwieweit sich die PKS von der Layer-3 Betrachtung hin zur Layer-2 Betrachtung verändert. Es ist zu sehen, dass die PKS jeweils weniger stark ausgeprägt ist als zuvor bei der Layer-3 Betrachtung. Dennoch sind die PKS erheblich und auch weiterhin liegt nur bei einer Berechnung keine PKS vor. Dies zeigt einmal mehr, wie knapp im bisherigen System keine PKS festgestellt wurde.

Tabelle 22: Übersicht PKS-Betrachtung

Grundlage für PKS-Test		Effektiver Preis	Kosten effizienter Wettbewerber		Euro bis PKS	
			Layer-2	Layer-3	Layer-2	Layer-3
MagetaZuhause	KVD 63	33,62 €	30,31 €	32,13 €	3,31 €	1,49 €
	KVD 24	27,60 €	30,31 €	32,13 €	-2,71 €	-4,53 €
	KVD 24 + sonstige Vorteile	27,33 €	30,31 €	32,13 €	-2,98 €	-4,80 €
MagetaZuhause Young	KVD 63	29,88 €	30,31 €	32,13 €	-0,43 €	-2,25 €
	KVD 24	24,62 €	30,31 €	32,13 €	-5,69 €	-7,51 €
	KVD 24 + sonstige Vorteile	24,35 €	30,31 €	32,13 €	-5,96 €	-7,78 €
MagentaZuhause mit MagentaEins Rabatten	KVD 63	21,00 €	30,31 €	32,13 €	-9,31 €	-11,13 €
	KVD 24	14,98 €	30,31 €	32,13 €	-15,33 €	-17,15 €
	KVD 24 + sonstige Vorteile	14,72 €	30,31 €	32,13 €	-15,59 €	-17,41 €

Quellen: Homepage der DTAG, Check24.de, eigene Schätzungen, sowie Mystery-Shopping Analyse durch Telefonica aus dem Dezember 2018. Eigene Darstellung.

6.3 *Entwicklung eines Fragebogens zur Marktbefragung*

Wir haben im Rahmen dieses Gutachtens die Notwendigkeit begründet, dass die BNetzA im Zuge von PKS-Tests auf das Wissen der Marktteilnehmer zurückgreift. Dazu haben wir in einem ersten Schritt vor dem Beginn des eigentlichen PKS-Tests eine Anhörung der Marktteilnehmer vorgeschlagen. Vorgelagert vor der Anhörung der Markteilnehmer sollte eine Befragung des regulierten Unternehmens stattfinden, weil dessen Daten im Rahmen des PKS-Tests ohnehin benötigt werden und eine vorgelagerte Befragung die Verfahrensdauer strafft. Eine solche Fragenliste sollte sich daran orientieren, die im Verlauf des Gutachtens mit der bisherigen Verfahrensweise der BNetzA in PKS-Tests verbundenen Probleme und die damit einhergehenden Informationsdefizite beheben zu können.

Die Fragen könnten der Einfachheit halber in drei Abschnitte unterteilt werden, die verschiedene Aspekte des PKS-Tests aufgreifen:

1. Ermittlung des durchschnittlich realisierten Neukundenpreises für ein Breitbandprodukt: Im bisherigen Verlauf des Gutachtens haben wir dargelegt, dass eine detaillierte Analyse der Rabattgewährung sowie der Bündelprodukte für eine realitätsnahe Erfassung des Marktgeschehens

entscheidend ist. Dies wird hier in Bezug auf die Neukunden aufgegriffen.

2. Ermittlung des durchschnittlichen Bestandskundenpreises für ein Breitbandprodukt: Im zweiten Schritt erweitern wir die Analyse auf Bestandskunden. Auch Bestandskunden werden mit speziellen Angeboten bzw. Verkaufsförderungsmaßnahmen angesprochen, um diese als Kunden zu halten. Dabei ergeben sich durchaus erhebliche Unterschiede zu den Neukunden. Um auch für diese Kundengruppe einen den tatsächlichen Marktgegebenheiten nahekommenden Durchschnittspreis ermitteln zu können, sind daher Informationen notwendig, die im Rahmen dieses Abschnitts erfragt werden.
3. Wir haben zudem in vorherigen Abschnitten die Bedeutung unterschiedlicher Vertriebskanäle diskutiert. Der dritte Abschnitt des Gutachtens vertieft die Analyse der Heterogenität der Preissetzung über die verschiedenen Vertriebskanäle. Dies trägt zum einen der zunehmenden Bedeutung von Vergleichsportalen im speziellen und Onlinevertrieb im allgemeinen Rechnung, trägt aber auch der hohen Bedeutung von Rabatten im Rahmen des stationären Vertriebs Rechnung.

Mit Hilfe dieser Informationen lässt sich ein PKS-Test wie von uns dargestellt modifizieren und an neue Entwicklungen auf den Telekommunikationsmärkten anpassen. Zu beachten ist, dass die Informationen des etablierten Anbieters allein in vielen Fällen nicht ausreichend sind. Um diese bewerten zu können, müssen diese mit vergleichbaren Zahlen der Wettbewerber verglichen werden. Da es sich bei den Wettbewerben nicht um regulierte Unternehmen handelt, schlagen wir in diesem Zusammenhang keine Auskunftspflicht wie für die DTAG vor. Stattdessen sollten die Wettbewerber zu Beginn des Verfahrens im Rahmen der dem PKS-Test vorgelagerten Anhördung ihre Anmerkungen bzw. Beschwerden mit eigenen Daten hinterlegen. Diese Anforderung kann Wettbewerbern, die Vorschläge in Bezug auf die Durchführung eines PKS-Tests machen möchten, auferlegt werden, da diese in diesem Kontext in ihrem Interesse liegt.

Bezüglich der abgefragten Rabatte ist es entscheidend, bei der Befragung deutlich zu machen, dass hier jede Art von Rabatt einbezogen werden muss. Auch Zugaben, wie die im Rahmen der PKS-Test-Beispiele diskutierten Entertainment-Pakete sind anzugeben, weil diese einen geldwerten Vorteil darstellen. Dies zeigt sich, wie bereits an anderer Stelle ausgeführt, daran, dass Kunden eine signifikante Zahlungsbereitschaft auch für das Stand-alone-Produkt (z. B. ein Paket für die Fußballbundesliga) haben. Wird dieses als kostenlose Beigabe gewährt, handelt es sich im Grunde um nichts anderes als einen Rabatt. Um Verzerrungen im Testergebnis zu vermeiden, müssen solche Zugaben bei der Beantwortung des Fragebogens berücksichtigt werden.

Zusammenfassend kann die vorgeschlagene Anhörung zweistufig dargestellt werden, was auch den zeitlichen Ablauf charakterisiert:

1. Befragung des regulierten Unternehmens anhand der vorgeschlagenen Fragenliste und anschließend
2. Anhörung der Marktteilnehmer, wobei diese ihre Anmerkungen mit eigenem Datenmaterial zu hinterlegen haben.

Es kann nicht ausgeschlossen werden, dass die Hinweise der Marktteilnehmer einen weiteren Informationsbedarf generieren, der über den Etablierten befriedigt werden muss, aber vor dem Hintergrund der umfangreichen ersten Abfrage sollte dieser Schritt überschaubar ausfallen.

7. Fazit

Sind Wettbewerber auf einem Markt auf Vorleistungen anderer Wettbewerber angewiesen, besteht regelmäßig die Gefahr, dass die Wettbewerber, welche diese essenzielle Vorleistung bereitstellen, die Zugangsbedingungen und insbesondere die Zugangsentgelte so gestalten, dass es effektiv zu einem Marktverschluss auf dem nachgelagerten Markt kommt. Aus diesem Grund sind solche Vorleistungen regelmäßig einer Regulierung unterworfen. PKS-Tests sollen in regulierten Industrien dazu dienen, den Wettbewerbern faire Bedingungen unter bestimmten Zugangsentgelten zu ermöglichen. Dazu ist es notwendig, auch unter der Annahme eines effizienten Wettbewerbers die Rahmenbedingungen des Marktes korrekt einzuschätzen. Die durch die BNetzA durchgeführten PKS-Tests haben gezeigt, dass die Erlösüberschüsse, welche darin ermittelt wurden, teilweise relativ gering sind. Dies impliziert, dass gegeben im Markt zu beobachtende Preisrückgänge bzw. Qualitätsverbesserungen diese Überschüsse relativ schnell aufgebraucht sein können und somit potenziell überschätzt werden.

PKS-Tests in aggregierter Form bergen die Gefahr, dass sich in diesem Aggregat PKS in wichtigen Tarifen bzw. Tarifbündeln verbergen, die ohne eine disaggregierte Analyse nicht identifiziert werden können. Dies ist der Ansatzpunkt des vorliegenden Gutachtens. PKS-Tests in aggregierter Form bergen die Gefahr, dass sich in diesem Aggregat PKS in wichtigen Tarifen bzw. Tarifbündeln verbergen, die ohne eine disaggregierte Analyse nicht identifiziert werden können. Dies ist der Ansatzpunkt des vorliegenden Gutachtens. Nach einer generellen Einführung in die Theorie der Verdrängungspreise sowie von PKS, stellen wir die europäische Fallpraxis sowie die bisherige Vorgehensweise der BNetzA dar. Auf Basis dieser Erkenntnisse erarbeiten wir Vorschläge, mit deren Hilfe das bisherige PKS-Testverfahren pragmatisch überarbeitet wird und die Ziele „Identifikation von PKS in bestimmten Tarifen/Tarifbündeln“ und „effiziente Testgestaltung“ in Einklang gebracht werden können.

Dies ist vor dem Hintergrund sich dynamisch wandelnder Telekommunikationsmärkte von großer Bedeutung, da zum einen verstärkt neue Tarifmodelle eingeführt werden und zum anderen diejenigen Märkte, in denen die DTAG nach wie vor als marktmächtig eingestuft und reguliert wird, zurückgeht. Somit stehen weniger regulierte Zugangsprodukte für Wettbewerber zur Verfügung und infolgedessen steigt die Bedeutung der PKS-Tests, um sicherzustellen, dass ein „effizienter Wettbewerber" tatsächlich unter den beantragten/genehmigten Zugangsentgelten Angebot des etablierten Anbieters nachbilden kann. Ohne diese Voraussetzung wäre Wettbewerb auf Basis regulierter Vorprodukte nicht denkbar.

Wir zeigen, dass bei der Auslegung der PKS-Tests Achtsamkeit geboten ist. Die Regulierung von Vorleistungsentgelten hat zum Ziel, den Wettbewerb nachhaltig zu stärken. Ein zu rigoroser Eingriff auf Basis einzelner Tarife und Rabattangebote kann jedoch den wettbewerblichen Freiraum des marktmächtigen Unternehmens derart eingrenzen, dass innovative Tätigkeiten auch in Form neuer Tarife zum Erliegen kommen. Dies ist für die nachhaltige Stärkung des Wettbewerbs im Sinne des Konsumentennutzens nicht zielführend.

Eine Grenze des zu gewährenden wettbewerblichen Freiraums ist allerdings dann erreicht, wenn einzelne Tarife und Rabatte auf Kernelemente bzw. Kerngruppen des Marktes abzielen und somit geeignet sind, den Wettbewerb auch langfristig zu behindern. Dies ist vor dem Hintergrund sich dynamisch wandelnder Telekommunikationsmärkte von großer Bedeutung, da zum einen verstärkt neue Tarifmodelle eingeführt werden und zum anderen diejenigen Märkte, in denen die DTAG nach wie vor als marktmächtig eingestuft und reguliert wird, zurückgehen. Somit stehen weniger regulierte Zugangsprodukte für Wettbewerber zur Verfügung und infolgedessen steigt die Bedeutung der PKS-Tests, um sicherzustellen, dass ein „effizienter Wettbewerber" tatsächlich unter den geltenden Zugangsentgelten die Angebote des etablierten Anbieters nachbilden kann. Ohne diese Voraussetzung wäre Wettbewerb auf Basis regulierter Vorprodukte nicht denkbar.

Dabei ist auch die Heterogenität der Anbieter am Markt hinsichtlich unterschiedlicher Altersstrukturen und Präferenzen zu beachten ohne dabei gegen das Konzept des „effizienten Wettbewerbers" zu verstoßen. Damit wird ein Trend aufgegriffen, der sich beispielsweise bereits in Regulierungsverfahren in Großbritannien und Irland gezeigt hat und von vielen Regulierungsbehörden in Diskussionsbeiträgen aufgegriffen wurde. Diese Thematik wird auch künftig in Telekommunikationsmärkten relevant bleiben, denn auch bei der Entgeltregulierung in NGN werden PKS und PKS-Tests eine wichtige Rolle spielen (vgl. BNetzA, 2017). Es ist zudem davon auszugehen, dass die Verwendung von Produktbündeln dort eher noch zunehmen wird.

In Bezug auf die konkrete Durchführung des PKS-Tests schlagen wir drei Schritte vor:

- Erstens ist zu vermeiden, dass in einem zu stark aggregierten Test verdeckte PKS in verschiedenen Tarifen bzw. Tarifbündeln fälschlicherweise nicht identifiziert werden können.
- Zweitens führen wir das Konzept der gewinnbaren Kunden ein, das für die Durchführung des Tests bedeutend ist, weil ansonsten Kundengruppen, die nicht wechselwillig sind, als gewinnbar betrachtet werden und somit das für Wettbewerber des etablierten Anbieters erreichbare Kundenpotenzial überschätzt würde.
- Drittens enthält unser Vorschlag eine empirisch validierte Laufzeitanalyse. Dabei geht es um eine vertiefte Betrachtung der Vertragslaufzeiten der Kunden. Eng damit verbunden ist die Berücksichtigung von Rabatten. Würde bei einem PKS-Test davon ausgegangen, dass bei Laufzeiten von 50 und mehr Monaten keine Preisanpassungen durchgeführt werden, könnte dies dazu führen, dass die tatsächlichen Erlöse überschätzt würden und mögliche PKS nicht identifiziert würden. Dies ist deshalb bedeutsam, weil Kunden in Telekommunikationsmärkten inzwischen eine Vielzahl von, teils regulatorisch vorgegebenen, Preis- und Tarifinformationen in elektronischer Form zur Verfügung stehen und die Erfahrung zeigt, dass diese auch ausgenutzt werden. Es wäre oftmals nicht angemessen davon auszugehen, dass wesentlich über die gängigen Vertragslaufzeiten hinaus Preise akzeptiert würden, die nicht mehr dem aktuellen Marktpreisniveau entsprechen.

Vor dem Hintergrund der so steigenden Notwendigkeit für weitere relevante Marktdaten schlagen wir ein zweiteiliges Konzept vor. Dies sieht zum einen eine periodische Berichtspflicht für Anbieter mit beträchtlicher Marktmacht für wettbewerbsrelevante Faktoren vor und zudem eine frühzeitige Befragung der übrigen Marktteilnehmer. Auf diese Weise kann die Behörde ihrer Verpflichtung zur Marktbeobachtung gezielt nachkommen, indem sie sich vom Anbieter mit beträchtlicher Marktmacht Informationen zu Laufzeiten, Rabatten und weiterem zukommen lässt. Zudem können durch Befragung der übrigen Marktteilnehmer stets aktuelle Marktgegebenheiten in die Entscheidungsfindung eingebunden werden.

PKS und PKS-Tests werden auch künftig im Zuge der Migration in Glasfasernetze eine wichtige Rolle im Rahmen der Telekommunikationsregulierung spielen. Dies zeigt, dass in dieser Studie keineswegs eine „vorübergehende Problematik“ diskutiert wird, die mit der Migration in Next Generation Access Networks (NGA) verschwindet. Im Gegenteil, die Entgeltregulierung bei FttH/B-basierten Vorleistungsprodukten wird neue Herausforderungen bringen und insbesondere die hier angeführte Bündelproblematik dürfte im Endkundenmarkt und in ihrer Wettbewerbsrelevanz noch zunehmen. Aus juristischer Sicht kann dabei zwischen dem möglichen Vorliegen von Preis-Kosten-Scheren nach § 28 Abs. 2 Nr. 2 TKG und einer sachlich ungerechtfertigten Bündelung nach § 28 Abs. 2 Nr. 3 TKG unterschieden werden. Aus ökonomischer Sicht geht es jedoch prinzipiell um dasselbe Problem: Effiziente Wettbewerber können die entsprechenden Angebote eines Anbieters mit beträchtlicher Marktmacht weder bei einer Preis-Kosten-Schere noch bei einer sachlich ungerechtfertigten Bündelung nachbilden, ohne dabei Verluste zu erleiden, sodass ein effektiver Marktverschluss und eine erhebliche Wettbewerbsbehinderung droht.

Literaturverzeichnis

Biro, Z., G. Houpis und M. Hunt (2011), Applying Margin Squeeze in Telecommunications: Some Economic Insights, Journal of European Competition Law & Practice, Vol. 2, S. 588–595.

BNetzA (2007), Hinweise zu Preis-Kosten-Scheren i.S.d. § 28 Abs. 2 Nr. 2 TKG, Bonn.

BNetzA (2017), Konsultationsdokument, Fragen der Entgeltregulierung bei FttH/B-basierten Vorleistungsprodukten mit Blick auf den Ausbau hochleistungsfähiger Glasfaserinfrastrukturen, Bonn.

Bostoen, F. (2018), Online Platforms and Vertical Integration: The Return of Margin Squeeze?, Journal of Antitrust Enforcement, Vol. 6, S. 355-381.

Bouckaert, J. und F. Verboven (2004), Price Squeezes in a Regulatory Environment, Journal of Regulatory Economics, Vol. 26 (3), S. 321-351.

Briglauer, W., G. Götz und A. Schwarz (2010), Can a Margin Squeeze Indicate the Need for Deregulation? The Case of Fixed Network Voice Telephony Markets, Telecommunication Policy, Vol. 34, S. 551-561.

Cadman, R. (2011), Margin Squeeze: Defining a Reasonable Efficient Operator, Intermedia, Vol. 39, S. 24-28.

Chakraborty, C. und B. Nandi (2011), 'Mainline' Telecommunications Infrastructure, Levels of Development and Economic Growth: Evidence from a Panel of Developing Countries, Telecommunications Policy, Vol. 35(5), S. 441-449.

Cieslik, A. und M. Kaniewska (2010), Telecommunications Infrastructure and Regional Economic Development: The Case of Poland, Regional Studies, Vol. 38 (6), S. 713-725.

Colley, L. und S. Burnside (2006), Margin Squeeze Abuse, European Competition Journal, Vol. 2, S. 185-210.

Cronin, F. J., E. B. Parker, E. K. Colleran und M. A. Gold (1991), Telecommunications infrastructure and economic growth: An analysis of causality, Telecommunications Policy, Vol. 15(6), S. 529-535.

Deutsche Telekom (2020), Das Geschäftsjahr 2019.

Dewenter, R. und J. Haucap (2004), Die Liberalisierung der Telekommunikationsbranche in Deutschland: Bisherige Erfolge und weiterer Handlungsbedarf, Zeitschrift für Wirtschaftspolitik, Vol. 53, S. 374-393.

Dewenter, R. und J. Haucap (2007) (Hrsg.), Access Pricing: Theory and Practice, Elsevier Science: Amsterdam.

ERG (2009), Report on the Discussion on the Application of Margin Squeeze Tests to Bundles, Riga.

Gaudin, G. und D. Matzari (2016), Margin Squeeze: An Above-Cost Predatory Pricing Approach, Journal of Competition Law & Economics, Vol. 12, S. 151-179.

Gaudin, G. und C. Saavedra (2014), Ex ante Margin Squeeze Tests in the Telecommunications Industry: What is a Reasonably Efficient Operator?, Telecommunications Policy, Vol. 38, S. 157-172.

Geradin, D. und R. O'Donoghue (2005), The Concurrent Application of Competition Law and Regulation: The Case of Margin Squeeze Abuses in the Telecommunications Sector, Journal of Competition Law & Economics, Vol. 1, S. 355-425.

Gerpott, T. J. (1998), Wettbewerbsstrategien im Telekommunikationsmarkt, 3. Auflage, Schäffer Poeschel, Stuttgart.

Haucap, J. und M. Coenen (2011), Regulierung und Deregulierung in Telekommunikationsmärkten: Theorie und Praxis, in: S. Bechtold, J. Jickeli und M. Rohe (Hrsg.), Recht, Ordnung und Wettbewerb: Festschrift zum 70. Geburtstag von Wernhard Möschel. Nomos Verlag: Baden-Baden, S. 1005-1026.

Haucap, J. und U. Heimeshoff (2005), Open Access als Prinzip der Wettbewerbspolitik: Diskriminierungsgefahr und regulatorischer Eingriffsbedarf", in K.H. Hartwig und A. Knorr (Hrsg.), Neuere Entwicklungen in der Infrastrukturpolitik, Vandenhoeck & Ruprecht: Göttingen, S. 265-304.

Haucap, J. und U. Heimeshoff (2009), Preis-Kosten-Scheren auf deregulierten Telekommunikationsmärkten, in: J. Haucap und J. Kühling (Hrsg.), Effiziente Regeln für Telekommunikationsmärkte in der Zukunft: Kartellrecht, Netzneutralität und Preis-Kosten-Scheren, Nomos Verlag: Baden-Baden, S. 149-226.

Haucap, J. und J. Kruse (2004), Verdrängungspreise auf Telekommunikationsmärkten?, Perspektiven der Wirtschaftspolitik, Vol. 5, S. 337-361.

Heimeshoff, U. (2020), Wettbewerbspolitik versus sektorspezifische Regulierung im Medien- und Telekommunikationssektor, in: J. Haucap und O. Budzinski (Hrsg.). Recht und Ökonomie, Baden-Baden: Nomos Verlag, S. 149-170.

Jaunaux, L. und M. Lebourges (2015), Economic Replicability Tests for Next-Generation Access Networks, Telecommunications Policy, Vol. 39 (6), S. 486-501.

Jullien, B., P. Rey und C. Saavedra (2014), The Economics of Margin Squeeze, CEPR Discussion Paper Series, Vol. DP9905.

Krämer, J. und D. Schurr (2018), Margin Squeeze Regulation and Infrastructure Competition, Information Economics and Policy, Vol. 45, S. 30-46.

Motta, M. (2009), Competition Policy – Theory and Practice, 12. Auflage, Cambridge University Press, New York.

Oxera (2017), Proposal on Bundles Margin Squeeze Test, erstellt im Auftrag der ComReg.

Röller, L.-H. und L. Waverman (2001), Telecommunications Infrastructure and Economic Development: A simultaneous Approach, American Economic Review, Vol. 91 (4), S. 909-923.

RTR (2010), Margin Squeeze Überprüfungen in der sektorspezifischen ex ante-Regulierung für Telekommunikationsmärkte: Kritische Punkte und neue Herausforderungen.

FSC
www.fsc.org
MIX
Papier | Fördert gute Waldnutzung
FSC® C083411

Kolibri 360 GmbH
Ferdinand-Jühlke-Straße 7
99095 Erfurt, Deutschland
produktsicherheit@kolibri360.de